ぼっちママ相談室

子育ての孤独にさよなら

公認心理師
Bigsmile カウンセラーコーチ
福田とも花

WAVE出版

はじめに
子育て中の孤独感に悩むすべてのママたちへ

「毎日夫や子どもと一緒にいるのに、なんか寂しい」

「こんなに子育てを頑張っているのに、どうして寂しくなるんだろう？」

「子どもができる前は、こんな寂しさを感じたことはなかったのに……」

今、この本を手に取ってくださったあなたも、きっとそんな思いを抱えたまま、子育ての中で落ち込んだり、誰かにイライラしたり、自分を責めたりしている日々を過ごしているのではないでしょうか――。


こんにちは！　子育てカウンセラーの福田《ふくた》とも花《か》です。

私はこれまで、心がぼっちになりやすい女性のためのオンラインコミュニティ「mamaコミュ！」を5年間主宰。ブログ・YouTubeを通じて11年間で2万人以上の女性をサポートしてきました。医師や助産師などのママをサポートする専門家や起業家女性にコーチングコンサルタント、研修を実施。「目の前の人にビッグスマイルを！」という理念で社会に笑顔を広げる活動を行っています。

そんな私も〝ぼっちママ〟のひとりでした。

特に2人目の育児が始まった頃、必死に子育て本を読みあさっては落ち込む日々。

「下の子より上の子を優先しましょう」

「家事の手は止めて子どもとスキンシップをとってあげましょう」

「子どもの前では夫婦喧嘩はしないで、仲良く協力して子育てしましょう」

と、これらの言葉はわかっていて……。ＳＮＳや母親、ママ友など、いろんなところから情報を仕入れれば仕入れるほど、正解通りにできない自分が情けなかったのです。

それなのに、赤ちゃん返りをしている上の子を見て、

「お母さん、愛情不足の子になりますよ」

と助産師さんからのひと言。

「あー、ついに言われてしまった」

ショックを受けながらも、そんなふうに言われることが情けなく、恥ずかしく、

「もう誰にも相談なんてしないでいよう」

とますますひとりで抱え込んでいました。

「もっと頑張らなくちゃ！」

「もっと我慢せねば！」

と自分を追い込んで、一生懸命フル稼働して、でも……。

「もう、これ以上できないよ」

自分の心はずっとそう叫んでいたんですよね。

それなのに、心の声を無視し続けて、周りの正解に合わせてばかりいたから、心をいつも孤独感でいっぱいのひとりぼっちにさせていたのです。


あなたもそうではありませんか？


私のコミュニティではママさんたちから、いろいろな声が届きます。

「夫が帰宅したと思ったら、子どものもとに一直線。私のこと見えてないんじゃないの？」

「平日のワンオペで張り詰めた緊張感。やっと週末がくる！　でも、夫も仕事で疲れているからゆっくり寝かせてあげたい。自分で選んだはずなのに、起きてこない夫にイライラ……一体自分はどうしたいの？」

「周りのママ友の子育てと比べて劣等感……自分のダメな部分ばかりが目について、一緒にいることもつらくなって、ひとりでいるほうがマシだと思ってしまう」

私たちは、言いたいことが言えなかったり、疲れているのに休めなかったりすると、心がすり減って、傷ついていきますよね。だから無意識にしんどいことを心の奥底にギュウギュウと閉じ込めて、感じないようにしていたりします。

そして、平気なフリをしたり、ひとりでも大丈夫なフリをしたりして……結果、事態はどんどん悪くなり、本当の気持ちがわからない、伝わらない、わかってもらえないということが起こるのですね。

そんなときにあなたにあるサインが自分の心から送られます。

それこそが、〝孤独感〟です。〝孤独感〟とは、苦しくてつらい感情ですが、自分をごまかしたり、ひとりで我慢し続けたりしてしまうあなたに、

「ちょっと立ち止まって！」

とお知らせしてくれる、心のサインだったりするのです。

この本では、そんな育児中の孤独感に「さよなら」する方法を、次の順番で紹介していきます。

①子育て中ならではの〝孤独感〟を知る。
②〝孤独感〟の奥にある我慢や思い込みといった〝心の傷〟を癒やす。
③自分の心（気持ち）と向き合って、「本当の自分」に気づく。
④「本当の自分」のために行動していく。

「私はどう生きたいのか？　どうありたいのか？」

という自分の本当の思いを知って、それを実現し、孤独感に「さよなら」していくところまでの考え方をお伝えします。

第1章、第2章では、〝ぼっちママ〟とはどういうママたちのことで、どんな状況に陥っているのかを、読者のみなさんに自分のことと照らし合わせながら確認してもらい、その問題を解決するための考え方や〝ぼっちケア（孤独感を癒やす方法）〟を紹介します。

そして第3章以降では、〝ぼっちママ〟のお悩みで多く寄せられているケースと、それらを解決するための具体的な〝ぼっちケア〟を紹介しますので、みなさんは自分の答えをイメージしたり、ノートに書いてみたりしながら、旦那さんや子ども、ママ友などとの日々の悩みを軽くしていきましょう。

あなたの人生は、あなた自身がハンドルを握っているからこそ、進んでいけるもの。〝孤独感〟にさいなまれながら子育てをしている今の状況は、実は「本当の自分」に気づく大チャンス！　――そう思って、私と一緒に、誰かの手に渡っていたハンドルを、あなたの手に取り戻していきましょう。

この本が、読者のみなさんのお役に立てることを切に願って。

２０２５年３月

福田とも花

Contents

第2章

基本の〝ぼっちケア〟

第3章

ぼっちママと夫

第4章

ぼっちママと子ども

第5章

ぼっちママとママ友

Staff

イラスト　ちゃず
装丁　白畠かおり
ＤＴＰ　小山田倫子
校正　株式会社ぷれす
編集協力　藤原裕美
編集　吉田ななこ

第1章

“ぼっちママ”って どんな人？

ひとりにならざるを得ないぼっちママ

★ぼっちママ度チェックシート

毎日子育てでこんなに頑張っているのに、どうして寂しいんだろう——そんな孤独感を抱えるママたちのことを、私は「ひとりぼっち」の「ぼっち」から取って、「ぼっちママ」と呼んでいます。

もともと単独行動が好きで、ママ友がいなくても気にしない、たとえひとりで育児や家事をしていたとしても、そんなに苦しくないという人もいますよね。

「ひとりが好きだから、ひとりでいる」

「ひとりで頑張りたいから、ひとりでやる」

と考える人は、あえてひとりでいる、自分のあり方を選択している、**能動的なママ**といえます。

一方、「ぼっちママ」とは、

「子育てや家事が大変なのに、誰にも『助けて』と言えずひとりで抱えてしまって、心がひとりぼっち」

「ママ友の輪に入れないから、ひとりぼっち」

というように、本当はひとりになりたくないのにひとりになってしまう、周りの多数派の人たちと同じようになろうと合わせている、**受動的なママ**のことです。


旦那さんや子ども、ママ友など、周りにいる人との関わりの中で、自分が「○○をしたい」と主体になるのではなく、例えば、

「夫が疲れていそうだから、休日は子どもをワンオペでみるしかないんです」

「子どものかんしゃくを避けるために、私は言うことを聞いてしまうんです」

などと、人に合わせて行動を選んでいることで、結果的に、

「なんだか私は誰にも理解されず、ひとりで寂しい」

「この状況はつらいし苦しいけれど、どうしたらいいのかわからない」

と、**自分の本心が置いてけぼりのひとりぼっち状態なのですね。**

あなたは今、どっちのママの状態でしょうか。

左ページの【ぼっちママ度チェックシート】で、あなたの〝ぼっちママ度〟はどのくらいなのかを□にチェックを入れながら確認してみましょう。

——いかがでしたか？

チェックがまったく入らなかった人は、自覚症状としての〝ぼっちママ感〟はないようですね。もしかすると、能動的にひとりを選択できているママかもしれません。

でもね、ちょっと気をつけて！　自分で選択をしているようで、実は「無自覚に選択してしまっていた」というママも少なくないのです。この本を読み進めていくと、実は「ぼっちママだった」と気づくこともあるでしょう。

子育てをしていく中で、「なんとなく寂しいな」と感じるようになったら、このチェックシートで自分の現状を確認してみてくださいね。

ぼっちママ度チェックシート

Check sheet

□	「こんなことで悩んでいるのは自分くらいだ」と 誰にも悩みを話すことができない
□	友人や家族など大人との交流が減っていて、気づけば１日中 子どもとしか関わらず、社会から取り残されたように感じる
□	子ども中心の毎日に追われ、 自分の趣味や好きなことをする余裕がまったくない
□	可愛いはずのわが子なのに、一緒にいても孤独感や寂しさを 抱くことがある
□	「どうせ誰にもわかってもらえない」と 本心を話すことを諦めている
□	「夫も忙しいのだから迷惑をかけてはいけない」と ひとりでなんでも抱え込んでしまう
□	頑張っていることを認めてもらえていないように 感じて空しくなる
□	平気なフリ・大丈夫なフリをして、外ではニコニコするが、 家に帰るとその分ストレスが溜まりイライラしてしまう
□	「いつでも手伝うから声かけて」と 助けの手を差し伸べられても、素直にお願いすることに 抵抗を感じたり、「ダメな人」と思われることが怖かったりして、 頼ることができない
□	自分以外のほかの人たちはみんな仲が良さそうに見えたり、 できる人に見えたりして「それに比べて自分だけはダメだ…」 と劣等感や惨めさを抱いている

チェックが4個までだったら、注意信号。「ぼっちママ」に足を踏み入れています。

この本を読んで、自分の寂しさや孤独感はどこから来ているのかを考え、思い当たる部分を振り返り、孤独感から抜け出していきましょう。

そして**5個以上のチェックが入ったら、あなたは立派な「ぼっちママ」です。**孤独感にさいなまれる中、とても頑張っていることと思います。

この本を読みながら、このあと紹介する第2章のぼっちケアや、第3章以降の事例集にあるぼっちケアを何度も繰り返しやっていくことで、チェックが入った項目の問題を一つひとつクリアしていきましょう。

みなさんには、チェックの数に関係なく、この本を読んだあとにもう一度【ぼっちママ度チェックシート】を試していただきたいです。チェック数が減り、孤独感が軽くなっているのを感じられると思いますよ！

体調が悪くても・・・
休むわけにはいかない・・・
夫が帰るまでにご飯作らなきゃ・・・
うあぁ
はぁ…
はぁ…
私がやった方が早いし・・・
誰にも迷惑かけずに頑張らないと・・・!!
完璧にしなきゃ・・・
やることリスト
いやだ〜!!
いやだ〜

ぼっちママの特徴

ぼっちママあるある……①

一番わかってほしい夫に自分の思いが伝わらない

さあ、ここからは、ぼっちママが抱えている〝寂しさ〟がどんなものなのかを、いろいろな例を交えながらお伝えしていきますね。

私が毎日のように接しているクライアントさんや講座の受講生さん、ブログやコミュニティのママさんたちの中には、子育てをしながら孤独感を抱えているぼっちママが、驚くほど大勢います。

そんなママさんたちからの相談で、**最も多いのはなんと旦那さんに関するものなのです。**

これは第3章のケースでも詳しく取り上げますが、子どもが小さいときは特に、パートナーである旦那さんに求めたくなることがたくさんありますよね。

ぼっちママの場合は、毎日新しいことやわからないことの連続の中、ひとりで悩みも家事も育児も抱え込んで、常にいっぱいいっぱいの状態。

そこで、同じ親であるはずの旦那さんが、ママの大変な状況を理解していないように感じたり、育児に積極的に参加しなかったりすると、すごく寂しいですよね。

もし旦那さんが、

「僕も何か手伝おうか？」

と言ったとしても

「手伝うって、同じ親なんだから、あなたもメインになってやってよ」

と、イライラしたり、ガッカリしたりするママもいます。それくらい必死で子育てをしているのです。

たとえ旦那さんが積極的に育児や家事に関わってくれているとしても、やることを毎回イチから説明しなくてはならなかったり、やってくれたことが雑だったりすると、ママにとってはありがたいと思う反面、違うストレスを感じるのですね。

だから結局、

「説明するのが大変すぎる！　もう頼むより自分でやったほうがラクだわ！」

とママが全部ひとりで抱えてしまうのです。

「子どもができる前はあんなに楽しく過ごせて、私のことをわかってくれてたのに……」

産後から急激に変わってしまった夫婦関係に戸惑うママたちが大勢いますが、みなさん、忙しい子育ての中で、一番理解してほしい人に、自分の思いがきちんと伝わっていないのですね。

そして、

「子育てに関しては、夫はもういらない」

と心の距離を置き、ますます孤独を感じてぼっちママになってしまいます。

以前、私のもとに離婚の相談に来られた方もそうでした。彼女には双子の男の子がいる

のですが、出産後の子育てが大変すぎて、あるとき旦那さんに、

「ひとりではとてもできそうにないから、一緒に子育てをしてほしい」

と訴えたそうです。けれども旦那さんは、

「仕事が忙しいから、これ以上頼らないで。家のことは自分で頑張ってくれないか」

と言って、何も変わらなかったとのこと。

それで彼女は仕方なく心を殺し、もう旦那さんはいないものとして産後の大変な状況をひとりで乗り越えたのだそうです。そして、子どもも成長して少しずつ手が離れ出したときに、離婚の相談に来られたのですね。


あなたは、「さすがにこれは極端な例」と思われるでしょうか。

けれども、旦那さんと会話レスになったり、イライラが止まらなかったり、爆発して一時的に家を出てしまったりするケースも、みんな同じなのです。この相談者さんも、産後の大変なときに旦那さんとの会話を諦めて、心を閉ざしたから、「離婚したい」と思うほど問題が大きくなってしまったのですね。

何か小さな問題が起きたあとも、子育てはずっと続きます。

あなたが、

「私は孤独だな……」

と感じている今だからこそ、諦めずにこのあと紹介していく方法を実践して、今よりもっと自分らしい人生を送れるように、一緒に向き合っていきましょう。

ぼっちママあるある……②

頑張って「いい子」になろうとする

大切な存在である子どもに向き合うようになることで、親としての自分を見つめざるを得なくなって、苦しんでいるぼっちママたちも大勢います。

私のコミュニティのママさんたちの話を聞くと、自分が子どもの頃から「いい子」だったママほど、孤独感をもちやすい傾向にあるみたいです。

成長していく過程で反抗期をちゃんと経験した上での、いい子であるのなら、ほとんど問題はないかもしれません。けれども、**親に反抗することさえ思い浮かばなかったような**

いい子は、子育てに直面すると、ぼっちママになるケースがよく見られます。

そうしたいい子出身のママたちは、子どもの頃に親にわがままを言ったり、自己主張をしたり、親に甘えてスキンシップを求めたりしたことのない人が多いのですね。

だから、いざ自分の子どもに自我が芽生え、イヤイヤ期や反抗期がくると、

「子どものわがままが許せない」

「自分にベタベタと甘えてくるのが、すごくイヤ」

という反応が強く出てしまいがちです。

また、自分が子どもの頃にやっていた「いい子」を、どうしても自分の子どもに押しつけてしまうこともあります。子どもは自分とはまったく別の存在だと頭ではわかっていても、その境界線がわからなくなってしまうのですね。でもそうなると、子どもはますますかんしゃくを起こすとか、自分の殻に閉じこもり、人と関わらないといったことになりかねません。

そのときの自分の悩みを誰かに伝えられていたら、問題の深刻化を防げると思うのですが、いい子出身ママであるほど、

「こんな私の気持ちを聞いてもらうと、みんなに迷惑をかけてしまう……」

と考えて、ひとりで悩みを抱えて、余計に〝心の傷〟が深まっているのです。

そこまで深い悩みは抱えていなくても、ママたちは子育てに奮闘している中で、子どものことが心配でつい、

「みんなと仲良くして、お友だちはたくさん作りなさい」

「学校には何としてでも行きなさい」

「ゲームは1日1時間までよ！」

と、自分の考えを押しつけてしまったり、子どもの状況をまるで自分のことのように捉えることで、過干渉や威圧コントロールがやめられなかったり、

「ああ、どうしてこうなるんだろう……」

と思いながらも、問題が大きく膨らんでしまったりすることもあるでしょう。

子どもという大切な存在を育てていく中で、ぼっちママたちは、誰にも言えない寂しさ

を抱えているのです。

ぼっちママあるある……③
ママ友との距離感に悩む

私のコミュニティのママさんたちからよく聞く話なのですが、子どもを介したママ友とのお付き合いは、距離感に悩み、ひとりぼっちに感じていることが多いようです。

過去の自分が自由に選んで作ってきた気の合う友だちと違って、**ママ友は、子どもが保育園や学校などでたまたま一緒になった友だちのママや、子どもの幼稚園のバス停で出会ったママなど、子どものつながりの中でできた関係ばかり。**

どう付き合っていけばいいのかとまどって、ついつい受け身に構えてしまい、相手との距離感がわからなくなってしまうのですね。

私も経験しましたが、つながりが子どもを介してとなれば、

「どのくらいフランクに付き合ってもいいんだろう？」

「いつ敬語からタメ語にするの？」

「ママも下の名前で呼んでいいの？」

などと、相手との距離感がわからなくなってしまうことも。

「自分がうまく付き合えないせいで、子どもまで仲間外れにされたらどうしよう」

など、自分で作ってきた友だち以上に慎重に気を遣ってしまうのですね。

そのため、ママ自身がリラックスした状態ではなく、どこか緊張した感じで相手と接していたり、頑張って相手に合わせて一緒に行動してきたつもりなのに、ある日突然、子ども同士のお誕生日会にうちの子だけ呼ばれなかった、習い事の体験会に声をかけてもらえなかった、といった事件がたびたび起きたりして、

「なんか私、あの人たちから距離を置かれている？」

と心がぼっちを感じてしまう……という話もよく聞きます。

みなさんは、いかがでしょうか。

「ああ、私もそんな感じでぼっちママになっているんだな」

と思っている方も、きっと少なくないでしょう。

ママなら誰でも、子どもという自分とはまったく別の存在がすぐ側にいて、子育てというこれまで足を踏み入れたことのない世界に身を置くことになったのですから、何か初めてのことに出遭うたびに、不安を感じて右往左往してしまう――。

そうした状況の中で自分を責めて、言葉にできないような〝孤独感〟を抱えているママたち。

「そんなママ特有の孤独感は、誰にでもあるものなんだ」と、まずはママ自身が自分のことをわかってあげてほしいのです。

そしてこのあと、その孤独感の理由を理解していきながら、ママだけの今の孤独感を、少しずつ小さくしていきましょう。

ぼっちママは自分の気持ちに気づくのが苦手

★本当の気持ちってなんだろう？

子育て中のママたちの〝孤独感〟についてお話しする前に、ここではまず、私たちが日頃悩んだり、「悲しい」「寂しい」と感じたりすることの大もとの意識に関して、少しだけ説明しておきましょう。

私たちの心の領域である意識には、「顕在意識」と「潜在意識」があり、それぞれが次の働きをもっています。

顕在意識

普段の生活で自覚できる意識。例えば、「明日は子どもと公園で遊ぼう」と考えるのも顕在意識の働きです。

潜在意識

心の奥深くに潜んでいて普段自覚できない意識。過去の記憶の中の感情や思考の貯蔵庫と言われています。私たちが感じる悩みや考えは、実は無意識のうちに潜在意識の影響を受けていることもあります。

これらの、心の領域に占める割合は、**顕在意識が約3％、潜在意識が約97％**とも言われています。

私たちが生まれて間もない赤ちゃんの頃は、生理的に泣きたければ泣く、寝たければ寝るというように、ほぼ顕在意識も潜在意識もない状態です。

それが成長して、人との関わりの中で経験を積み重ねていくと、例えば6歳の小学生が、

「今日は私、本当は学校に行きたくないな……」

と思っても、

「昨日私が『行きたくない』と言ったら、お母さんが困っていたな」

と顕在意識で考えて、

「お母さんが喜んでくれるように、頑張って行かなきゃ！」

と、人との関係を見て、本心とは違う行動を取るようになっていきます。


私たちは成長していく過程で、そうやって環境や人との関係の中で培った考え方や行動によって存在する自分を、**「本当の自分」**と思うようになります。

つまり、大人になればなるほど、

「本当は〇〇をしたい」

という自分の気持ちを心の奥底の潜在意識に押し込めたまま、周りの意見や考えを優先したり、人の様子を察したり、世の中の常識を自分の中に取り込んだりしてきたものを、

「自分の考えや気持ち」

と誤解してしまうのですね。

顕在意識
（自覚できる）
私は大丈夫!!
本当はしんどい…
…でも心配かけたくない
もっと大変なママもいる…
このくらい我慢しなきゃ！
潜在意識
（自覚できない）

★本当の自分からどんどん離れていくぼっちママたち

この潜在意識の中に隠れている「本当の自分」と、顕在意識で「環境や人との関わりによって得てきた自分」は、多かれ少なかれ誰にでもあるものです。

だから人との関わりの中でも、

「本当の私はこうしたい」

という**自分の潜在意識の中にある思いに気づいて行動できるママ**は、

「私は子どものことは褒めて育てたいと思っていることを、夫に伝えてみよう」

「私はママ友と話したいから、お互いに忙しいかもしれないけど、ひと言、連絡だけしてみよう」

と、能動的に自分の行動を自分で決めていけるのですね。

つまり、たとえ誰にもわかってもらえなかったとしても、ひとりでいたとしても、**自分は自分の一番の理解者であり、味方でいられるので、人との関係の中で、自分を孤独な状態にさせないでおける**のです。

けれども、そこで周りのことを優先して、例えば、「夫は今、仕事が忙しそうだから、本当は頼りたいけど我慢しておこう」「会いたいけれどママ友に迷惑な気がする。だから、このまま連絡しないでおこう」と、自分の潜在意識にある「本当の気持ち」を無視したままの対応をし続けていると、どうなるでしょうか。

ぼっちママは、本当は寂しいのに、正反対の〝孤独になる選択〟をしていってしまうのです。

ぼっちママたちは、そうやってどんなに小さなことでも、自分で思っていることとは正反対のことをし続けることで、「本当の自分」からどんどんかけ離れていくように感じて、ますます孤独感を強めてしまうのです。

★親の子育てに縛られてしまうぼっちママたち

子育てをしていると、「自分は親からどう育てられたか」「それが良かったか・悪かったか」という「自分の親の子育て」が知らぬ間に基準になっていたりします。

「親にしてもらって嬉しかったから、子どもにも同じようにしてあげよう」

「親からこんなこと言われたのがイヤだったから、子どもには絶対言わないようにしよう」

といったように、**自分の親の子育ては自分自身の子育てにとても深く関わってきます。**

もしかしたら実際にあなたの親御さんから「私は自分より子ども優先に育てたのよ」「子どもは甘やかしてはいけないわよ」などと言われたこともあるかもしれません。

もちろん、されて嬉しかったこと、良かったことを自分の子どもにしてあげたいと考えるのは自然な気持ちだと思います。

ただ、**もし親と同じことができなかったとしても、自分を責める必要はありません。なぜなら、そこにこそ、あなたらしさが隠れていたりするのです。**


今の時代の子育てと昔の時代の子育ては違います。そもそも、結婚して子どもが産まれても仕事を続ける人が多く、女性の働き方さえも大きく変わっているのです。

それなのに、

「私も、お母さんと同じようにやらなければ！」

と思っていると、それこそ「本当の自分」とはかけ離れたところで問題にぶつかり、苦しくなって、今度は自分の親からも距離を置きたくなる、そんなケースになってしまうかもしれませんね。

しかも、自分の子どもとはいえ、子どもなりの考え方や価値観があります。自分が幼少期にされて嬉しかったことを自分の子どもにしても、それが喜ばれるとも限らないから。

当たり前のようでいて、「お母さんのようにしなければ！」と頑張りすぎているいい子出身のママほど、そのことに気づかず、期待していた反応をしない子どもに対して「この子は何を考えているのかわからない」「私の気持ちはこの子には伝わらない」と、子どもに対して寂しさを感じてしまうぼっちママもいます。

お母さんの子育てとあなたの子育ては違っていいのです。お母さんが正解であなたが間違っているわけでもないのです。また、あなたがしてあげたいことと、子どもがしてほしいことが違うということもあるでしょう。

ぜひ「**本当に自分のしたい子育てってなんだろう？**」「**子どもとどんな親子関係でありたいんだろう**」と自分に問いかけてみて。そして「**子どもは本当はどうしたいんだろう？**」と子どもの立場に立って考えてみたり、「**どうしてほしい？**」と子どもの気持ちを実際に聞いて対話してみたりしてくださいね。

寂しさは心の傷とつながっている

では、ぼっちママたちの〝寂しさ〟は、一体どこから来ているのでしょうか。

私は多くのぼっちママたちのカウンセリングをしていますが、そのときに必ずしてもらうのは、それまでの思い込みをリセットして、

「本当の自分はどう思っているのか？」

ということを潜在意識の中にある

「本当の自分」

に問いかけることです。そうすると、

「本当は助けてほしかった」

「本当はあのとき、一緒に子育てのことを考えてほしかった」

といった、ママの心の内に隠れていた感情が出てくるのですね。

そして、それらの感情が湧いてくる根本原因、

「この感情は、どこから生まれたのだろう？」

ということを紐解いていくと、さまざまな心の傷に行き着きます。

けれども、今のぼっちママたちは、これまで積み重ねてきた心の傷に、絆創膏をどんどんどん貼って、それらの傷に蓋をしている状態です。

そうして**「もう傷つきたくない」「傷つくくらいならひとりでいい」とますます孤独になるような選択をしてしまうのです。**


そこで、ぼっちママたちの主な心の傷を見ていくと、次の3つが見えてきます。

①強い責任感、できないことへの罪悪感
②我慢
③幼少期の記憶

次の項目では、これらの心の傷がどうやってできたのかを見ていきましょう。

どうして心の傷は作られるの？

① 強い責任感、できないことへの罪悪感

私たちは誰でも毎日の生活の中で、仕事や家事などやらなければいけないことがあり、「これを何時までに絶対にやっておかなきゃ」「人に迷惑をかけないためには、この仕事は完璧に仕上げるべきだ」といった、責任感で動いていると思います。責任感が強く完璧主義な人もいれば、「これくらいはいいか」と調節をしながらバランスを取っている人もいます。

ただ、ぼっちママの場合は、それまで「自分は責任感の強いほうだ」と自覚してこなかった人でも、子どもができたことで強い責任感が表に出てくることがあります。

「育児や家事は、私のお母さんのように**完璧にするべきだ**」

「子育てはマニュアル通りに**やらねばならない**」

「みんながやっているように、母親としてこの子を上手に**育てなければならない**」

といった**「べき」「ねば」に縛られたマイルール**がどんどん作られてしまいます。


そうなると、マニュアル通りにできない子どもや旦那さんに対して、

「なんでちゃんとやらないの？」

「頑張れないならもういい」

と自分ひとりで抱え込むことになってしまいます。


それは、日本でも昔から言われている「3歳児神話」のように、

「子どもは3歳までは母親の手で育てないと、子どものその後の成長に悪影響を及ぼす」

といったことも、知らずしらずのうちにママたちのプレッシャーになっているのかもしれません。


しかも、どれだけ強い責任感があっても、子育てや家事は完璧を目指したらキリがありません。食事を例にとっても「子どもの料理は全部手作りで」「食材にもこだわって、添

加物は使わないように」「キャラ弁にして」など、やろうとしたらいくらでもできるのです。

そうなると、精神的にも肉体的にもギリギリの状態になるまで頑張っているのに、できないことばかり気になり、

「ああ、これもできてない。あれもだ……」

とさらに自分を追い込み、自分で自分の心に傷をつけ続けてしまいます。

だから、まずは、

「自分は何ができて、何はできないのか？　どちらの部分も両方見てみよう」

「これって、本当に完璧にやらなきゃいけないことなのかな？　いや、そもそも完璧ってなんだろう？」

「マニュアル通りじゃなくても、過去の自分と比べると、できているところもたくさんあるよね」

と思って、**自分をガチガチに縛っている〝強い責任感〟や〝できないことへの罪悪感〟による心の傷を、少しずつ治していくことが重要です。**

妥協はしちゃいけない
早起きして無添加キャラ弁づくり
やらなきゃいけない事
山積みだけど
え…残された…
一生懸命
作ったのに!!
何で残すの!!
あんなに
怒らなきゃ
よかった…
ごめんね…

② 我慢

先ほどの３歳児神話と同じように、日本には今でも、「母親だったら、自分のことは我慢して、子どもを第一優先して当然だ」という意識がまだまだ多く見られます。

その我慢や、自分を後回しすることの程度にもよりますが、自分の母親や義母だけでなく、助産師さん、児童館や保育園・幼稚園の先生、親戚やパートナーである旦那さんにさえそう思われていることがあります。

この本を手に取ってくれているあなたも、毎日、寝不足の中で夜中に授乳をしたり、ひとりで家事や育児をしたりと、ほとんどワンオペで頑張って、自分だけの時間どころか、食事やお風呂の時間もゆっくりとれないほど、我慢を重ねているのではないでしょうか。

その**我慢が続くと、自分の心を置いてけぼりの「ぼっち」にして、自分でも気づかないうちに心の傷になっているのです。**

また、幼少期の記憶にもつながることなのですが、もしかしたら無意識のうちに、

「私さえ我慢していれば、すべては丸くおさまる」

「我慢は美徳」

と考えている人もいると思います。でも、「こんなに我慢をしているのに」「なんで私ばかり我慢しているんだろう」と少しでも感じているのであれば、もう限界まで我慢をしているのかもしれません。

「いえいえ、私は大丈夫です」

「むしろまだまだ、我慢も頑張りも足りないです」

という声も聞こえてきそうですが、実はそのように**平気なフリ、大丈夫そうなフリ**をすることも、知らないうちに「自分の本当はギリギリ限界な気持ち」に嘘をついて、我慢につながってしまうことがあるのです。

最近の子育てに関する調査結果などを見ていても、ママたちの、

「子育てのせいで（夫のせいで）我慢ばかりしている。自分のことは後回しになっている」

という声は、年々増える一方です。

働き方改革で社会の意識が変わったり、男性の育児参加は当たり前という風潮になったにもかかわらず、このような声が絶えないのは、やはりママの負担はとても大きいということです。

ママが仕事をもっている場合も、子どもが急に熱を出したときや保育園の送迎のための時短勤務で、以前のように自分らしく働けない。そんな愚痴を言いたくても、夫はもとよりママ友とも心を全開にして話すことは難しいし、昔からの友だちには、今の状況を理解してもらえるかどうかわからないし……。となると、

「なんで私ばかり我慢をしているんだろう」と思いながらも、我慢し続けるほうを選んでしまうのも当然かもしれませんね。

でも、子育ては今だけではありません。子どもが成長して、大人になるまでの長い時間続きます。強い責任感と同様に、この本を読みながら今の状況と「自分の本当の心」に向き合うことで、自分の望む子育てや夫婦の形を築いていきましょう。

3 幼少期の記憶

私たちが「本当の自分」と向き合うときに切っても切れないのが幼少期の記憶です。

「幼い頃の自分はこういう子だった」

「親からよくこう言われて育った」

という自分自身の思い込みや親の口癖などは、大人になって普段意識をしなくなっても、潜在意識の中にしっかりと残っています。そして、その幼少期の思い込みが、今のあなたの**「セルフイメージ」**や**「マイルール」**に影響を与えている場合があるのです。

セルフイメージとは、例えば、

「私は頑張らなければ役に立てない人だ」

「私のことを人は、ひとりぼっちで寂しい人と見ているだろう」

と思い込んだり、想像したりしているイメージです。

また、マイルールは、例えば、

「私は、子育てをひとりで完璧にやるべきだ」

「私は、夫に頼って迷惑をかけてはいけない」
というように決めつけているルールのこと。

これらは2つとも、私たちが気づかないうちに**潜在意識の中で、思考や行動を縛っているると考えられます。**

ぼっちママの場合は、幼い頃の記憶が、このセルフイメージやマイルールなどの規則となって、**自分だけでなく子どもや旦那さんなど周りの人たちも縛るようになっている**のですね。

ここであるぼっちママのケースを見てみましょう。
その人は「小学校低学年の子どもが自分にひどく反抗するようになってしまいました。自分もあれこれ注意しすぎてしまっているとは思っています。寂しいですけど、どうすることもできないんです」という悩みを抱えていました。

そこで、

「自分はどんな母親だと思いますか？　どんなマイルールがあると思いますか？」

とセルフイメージとマイルールについて聞いてみると

「厳しすぎるママ。でも子どもは礼儀正しく育てるべきと思っています」

と話してくれました。

そして、**なぜ「子どもは礼儀正しく育てるべき」と思っているのか、いつ頃からそう思ったのか詳しく聞いてみると、原因は幼少期のお母さんとの記憶にありました。**

このママは、例えば小学校に入学したての頃、お母さんに外出先ではもちろんのこと、家にいる場合も、玄関で靴を脱ぐときに始まって手を洗うときも、服を着替えるときも、食事をするときもずっと、

「礼儀正しく、きちんとしなさい」

と厳しくしつけられ、監視されているような気がして、すごくイヤだったのだそうです。

お母さんに厳しくされた記憶を振り返っていくうちに、

「あっ、『子どもは礼儀正しく育てるべき』というのは私のルールじゃなくて、お母さんのルールだったんだ」

ということがわかり、

「家出したいと思うほどイヤでイヤでしょうがなかったお母さんのルールだったのに、同じことを私の子どもにしていた……」

と、**自分の意識の97%を占める潜在意識の中に、今の行動に影響を与えている心の傷が存在していたことに気づいた**のです。

最後に私は、

「本当はお子さんとどんな状態でいたいですか？」

とたずねました。

すると、

「本当は、子どもと笑顔で過ごしたい。マイルールじゃなくて、子どもと一緒にルールを決めていきたい」

といった、本当の気持ちが出てきました。過去の心の傷に気づいて、親とは違う「本当の自分」で子育てのやり直しを始められたのです。

どうでしょうか。みなさんも、幼少期の母親などとの関わりを思い出してみると、なんとなくそんな記憶がよみがえってきた方もいるのではないでしょうか。

幼少期の記憶をさかのぼり、自分の心の傷を自分がわかってあげることだけで、「なあんだ。これはお母さんのルールだったんだ」と心が軽くなる人も、きっといると思います。

このあと第2章でも紹介しますが、潜在意識にある、幼少期の記憶の中の心の傷をよみがえらせるのは、つらい過去と認識しているほど、難しいと感じる人もいるかもしれません。

けれどもそれは、**心の中にいる子どもの頃のあなたが、傷ついてひとりぼっちで泣いているままになっている状態だからです。**

悲しかった記憶も寂しかった経験も、大人の今のあなたが迎えに行って、話を聴いてあげることで、傷が癒やされていくのを感じると思います。絆創膏を重ねて蓋をした心の傷を、一枚一枚丁寧に取り除いていきましょう。

――ここまでお伝えした、**自分の中にある〝強い責任感、できないことへの罪悪感〟〝我慢〟〝幼少期の記憶〟の3つの心の傷を知ることは、みなさんが「本当の自分」を取り戻し、今の孤独感を和らげていくための、大事な糸口になります。**

「私は子育てに関して、夫に心を開いて話せていなかったな」
「もうちょっと自分を大切にする時間を増やしてみよう」
「幼い頃、そういえば、お母さんとあんなことがあったな」

と、**自分と向き合い、これまでの自分を認め、その心を癒やしていくことこそが、今のみなさんには必要なのですね。**

次の第2章では、これまでの自分の思い込みを書き換え、本当の自分を取り戻していくことで、心の孤独感を小さくしていくための考え方や方法を具体的に見ていきましょう！

Column

1

母親の影響ってそんなに大きいの？

みなさん、想像してみてください。

目の前に、2つの小さな崖があります。こちら側の崖の上には、ハイハイができる赤ちゃん、向こうの崖の上にはママがいて、その間には透明のガラス板が渡されています。赤ちゃんがママのところに行くには、ガラス越しに深い谷底が見える板の上を、はっていかなければなりません。さあ、赤ちゃんはどうするでしょうか？

結果は――向こう側にいるママがニコニコ微笑みながら待ち構えていると、19人中14人の赤ちゃんが、安心してママのほうに渡っていったのですね。

一方、ママが不安そうな顔をしていると、どうでしょうか？　赤ちゃんは異変を察して、ひとりも進もうとしなかったのです。

つまり、赤ちゃんはママの表情やしぐさなどを見て、「これは安心」「これは危険」というように行動を決めていたのですね。

これは、アメリカの心理学者ギブソンらが制作した「ビジュアルクリフ」という視覚的断崖装置を使って行われた、「社会的参照」の実験。社会的参照とは、赤ちゃんが主に母親をはじめとする身近な人の表情や声などを手がかりに、自分の行動を学習していくことです。実はこのように、母子の関係で、母親の言動は子どもにとても大きな影響を与えていたりするのです。

子どもは成長する中で、空気を読もうとして親の顔を見たり、自分の周りのことを気にしたりすることがあります。特に母親に対してはとても敏感です。

例えば母親が、

・いつもイライラしたり、ため息ばかりついていたりして疲れている
・表面上はニコニコしているけれど、陰でつらそうにしている
・優しいけれど家族に合わせてばかりで自己犠牲的
・父親との仲が悪い

このようなときに、子どもは次のように行動することがよくあります。

・無意識に母親を助けようといい子を演じるようになる
・寂しいのに寂しくないフリをしたり、我慢をする癖がついたりする
・母親の味方をして父親を悪者のように捉えるようになる

つまり、安心してのびのびと自分らしくいられなくなってしまうのです。

それは、子どもは母親が大好きで、自分の命をつないで育ててくれている絶対的な存在だと感じているからです。そのため「嫌われたくない」「お母さんがいなくなったら困る」という無意識の気持ちから、母親の期待に応えようと、そのような行動をすることがあります。

しかし、子どもが「お母さんに大事にされていないのかも……」「嫌われているのかな?」と感じる出来事があったとしても、母親自身にはそんなつもりがないことも多いものです。

あなたがイライラする日があったり、我慢をする日があったり、旦那さんと喧嘩をする日があったりしても、だからといって、子どものことが嫌いなわけじゃない

ですよね。つまり、大切なのは「母親が子どもを愛していなかったわけではない」ということです。

とはいえ、子ども時代に無意識に身につけた習慣や考え方は、大人になっても影響を与えることがあります。例えば、旦那さんが不機嫌だと「私は愛されていない」と不安になったり、子どもの問題行動を見て「私が何とかしなきゃ！」とあせったり、職場で上司の機嫌を気にしすぎてしまったりする人は「幼い頃に母親の機嫌を気にした経験」が影響している場合があるのです。

また、母親との関係が良好でも、子育て中のママたちは「自分の母親のアドバイスを素直に受け入れられない」「距離のとり方が難しい」と感じることがあります。

子どものために頑張るママこそ、自分の母親からどういう影響を受けてきたかをよく知ることで、自分は親とは違う人間であり、違う考えや価値観をもってもいいのだと、境界線を意識しながら、良い関係性を築いていければいいですね。

第2章

基本の“ぼっちケア”

ぼっちケア

衝動的な反応や感情は「脳のせい」

ここまで読み進んで来られたみなさんは、ぼっちママの心の中にある〝寂しさ〟のあり方が、大体わかってきたのではないでしょうか。

さあここからは、何度も繰り返す孤独感の原因となっている、私たちの感情や思考、行動はどのようにつながっているのかを、具体的に見ていきましょう。

ここでは、先日私のところに悩みを解決したいと相談に来たぼっちママのケースを例にあげてみますね。

彼女は、旦那さんが家事や育児の手伝いを何もしてくれず、そのことについて常に旦那さんと言い争いをしていたそうです。そしてそのたびに、

「私のことが大切ではないから、何もしてくれないんだ」

と思い、一緒にいるのはとても耐えられなくなり、

「もう、ここから出ていく！」

と、寂しい心を抱えたまま、子どもと一緒に実家に戻ったとのこと──。

この行動を示すと、次のような流れになります。ここにある《認知》とは、目の前にある対象を知覚し、「それが何であるか」をその人の判断・解釈で受け取ることをいいます。

《事実》夫が家事・育児の手伝いをしない。そのことでよく言い争いになる。

↓

《認知》手伝ってくれないし、話し合いもできないのは、夫は私が大切ではないからだ。

↓

《反射・反応》**そんな夫と一緒にいるのはイヤだ。すぐに家を出たい。**

↓

《感情》**寂しい。悲しい。**

↓

《行動》**子どもと一緒に実家に戻った。**

こうしてみると、

《反射・反応》→《感情》→《行動》の流れが孤独をどんどん加速させているのがよくわかります。

では、なぜこのような感情や行動が出てくるのかというと、脳の仕組みがそうさせているからです。次の3つの〝人の脳の働き〟を知ると、私たちの思考が感情や行動にどのような影響を与えているのかが見えてきます。

①**脳幹《のうかん》**

人の脳の中では最も古い脳。**爬虫類脳《はちゅうるいのう》**とも言われ、呼吸、体温、ホルモン調整など、生きるための基本的な働きである本能による、行動をつかさどっています。母性本能もこの部分です。また、「危険だ!」「怖い!」「逃げろ!」と、**外界からの危険や自分への悪い状況を察知して自分の安全を守る反射脳**でもあり、61ページの流れの中の《反射・反応》は、この働きによるものと考えられます。

②**大脳辺縁系《だいのうへんえんけい》**

脳の真ん中にある脳幹の次に古い部分。**哺乳類脳《ほにゅうるいのう》**と呼ばれ、犬や猿などももっています。

主に「寂しい」「悲しい」「つらい」「怒りが湧く！」といった喜怒哀楽などの感情をつかさどっていて、61ページの《**感情**》の大もとです。

③大脳新皮質《だいのうしんひしつ》

脳の中では一番新しく、**人間脳**、**理性脳**と言われ、思考や言語機能をつかさどる人間で最も発達した部分。61ページの流れでは、《**認知**》がここで行われます。例えば、「怒りが湧いたけれど、ぶつけると喧嘩になるから冷静に話し合おう」といった判断をするのもここです。

こうした脳の働きと、61ページの事象の流れを照らし合わせると、

「夫は私のことを大切にしていない」

と思い、自分を守ろうと、

「一緒にいるのはイヤだ。すぐに家を出たい」

と反射的に動きたくなるのは、①の**爬虫類脳である脳幹のせい**。

そして、それに伴った「寂しい」「悲しい」といった《感情》が湧くのは、いわゆる動

物的な感覚が刺激される、②の**哺乳類脳である大脳辺縁系のせい**なのですね。

そのため、衝動的な反応をしてしまったり、反射的にネガティブな感情になったりしたときは、まず**脳がそうさせていることに気づきましょう。**そうして冷静になったあとからでもいいので、人間脳で**「本当はどうしてほしかったんだろう?」と自分に問いかけてみてください。**

例にあげたぼっちママからは「夫とはこのまま喧嘩別れはしたくない。本当は夫とはわかり合いたい。きちんと話し合いたい」という本音が出てきました。

自分の本当の気持ちがわかったら、そのためにどうしたらいいのか、自分の行動を変えてみましょう。

私がこのことをお話ししたら、そのママは旦那さんのスマホにメッセージを送って「夫から手伝ったり、気にかけたりしてもらえないと感じると、私は勝手に『自分のことは大切ではないからだ』と思って悲しくなっていたことに気づいた」と気持ちを伝えたのだそうです。すると、旦那さんはママのことを大切に思っていなかったわけではなく、ただ自分自身も仕事でいっぱいいっぱいだった、ということを話してくれたそうです。

このぼっちママの例のように、冷静になり、本当の気持ちがわかったことで、行動が変わっていき、夫婦関係もコミュニケーションも変わっていったのですね。

これは、認知行動療法という理論をもとに、多くのクライアントさんに紹介しているカウンセリングの基本的な考え方です。

次は、「潜在意識のせいで、行動、そして事実までが変わってしまった」例を見ながら、自分にどんな潜在意識があるのか探ってみましょう。

まとめ

- 衝動的な反応をしてしまったり、反射的にネガティブな感情になったりしたときは、あなたの大事な本音や望みに気づくチャンス。冷静になったあとからでもいいので、「本当はどうしてほしかったんだろう？」と自分に問いかける
- 自分の本当の気持ちがわかったら、その気持ちを置いてけぼりにしないで、ちゃんとキャッチして、望む未来を叶えるための行動を選びとる

ぼっちケア

自分の無意識の欲求に気づく

人は何か目の前の物事に対応するとき、《認知》(目の前にある対象を知覚し、自分の判断・解釈で受け取ること)《感情》《行動》の3つの機能が連動して働きます。

例えば、「夫に対してどんどんイライラし、嫌いになってしまう」とき、実はこんな心理の流れが起きているかもしれません。

《事実》夫がどんどん嫌いになる。

↑

《認知》「私は大変さをわかってもらえない人だ」「私は大切にされない人だ」「家事育児は人に頼らずに自分ひとりでやらなくてはいけない」

↑

《感情》「イライラする。つらい」「夫を大切にできない罪悪感……」

《行動》「なんでやってくれないの!?」と怒る。夫と話さない。家事が手抜きになる。←

このように《認知》→《感情》→《行動》の流れを客観的に見ることで、自分の考え方が感情や行動を決めていることがわかります。

イライラの裏側には、無意識の欲求「本当の気持ち」が隠れていることがあります。

例えば、

「家事も育児も大変すぎて、もう逃げたい！」→回避欲求

「本当は私がこんなに大変なのをわかってほしい！」→願望実現欲求

これらの潜在意識（無意識の欲求）は、気づかないうちに《認知》《事実》にまで影響を及ぼすことがあります。

先ほどの例の場合、

《潜在意識》「家事育児が大変だからとにかく逃げたい」（回避欲求）

「イライラをぶつければ、夫に手伝ってもらえるかも」（願望実現欲求）

《行動》「なんでやってくれないの⁉」と怒る。夫と話さない。家事を手抜きする。
↑
《感情》「イライラしていたい」「つらそうに見えてほしい」「夫を大切に思いたくない」
↑
《認知》「私は大変さをわかってもらえない人だ」「私は大切にされない人だ」「家事育児など人に頼らずに全部ひとりでやるべきだ」
↑
《事実》夫がどんどん嫌いになる。

いかがでしょうか。《潜在意識》の思い込みが現実を作り出してしまうことがわかると思います。「私の中にこんな無意識の欲求があったなんて」と驚く人もいるかもしれませんね。

イライラしたときは自分の中の回避欲求、願望実現欲求に気づき、「本当はどうしたい？そのためにはどうしたらいい？」と自分に質問して向き合ってあげることが大切です。

例1

「家事育児が大変だからとにかく逃げたい」という回避欲求に気づいたら

↓

「本当はどうしたい？　そのためにはどうしたらいい？」

↓

・夫に協力してもらいたい
・家事代行サービスを使って負担を減らしたい
・どうすれば負担が軽くなるか夫婦で話し合いたい

例2

「イライラをぶつければ、夫に手伝ってもらえるかも」という願望実現欲求に気づいたら

↓

「本当はどうしたい？　そのためにはどうしたらいい？」

↓

・夫に家事を手伝ってほしい気持ちを伝えたい
・察してもらうのではなく、具体的に役割分担を決めたい

本当の自分の気持ちに気づくことで、もし周りの状況は大きく変わらないとしても、**「私自身が〝自分の一番の理解者〟であり、自分の一番の味方」**となれば、今後自分がラクになるためにはどうしたらいいのか、自ら解決していくことができますよ。

まとめ

- イライラの裏にある「無意識の欲求」に気づく
- 「本当はどうしたいのか？」を考える
- 自分の一番の理解者になれたとき、「どうすればラクになるか」が見えてくる
- 冷静になれないときは「事実→認知→感情→行動」の流れを理解する

私が私の1番の味方
よしよし

ぼっちケア

子育て中のストレスに気づく

ママたちにとって、〝ストレス〟は切っても切れないもの。私も多くのママたちの相談を受けてきて、彼女たちに**どんなときにストレスを感じるのか**を聞いてみると、驚くほどさまざまな答えが返ってきます。その中の主なものをあげると、次のようになります。

- 子育てと家事の両方をひとりでやらなければならないので、常に寝不足
- 子ども中心の生活になっていて、自分のペースで生活ができない
- 仕事との両立が想像していた以上に大変。時間に追われている
- 家族の理解がない。大変さを共感してくれる人がいない
- 子どものイベントへの参加や、学校、習い事、塾の送り迎えなどに追われている

みなさんも、「ある、ある！」と、思い当たるところがあるのではないでしょうか。

そこで、実際にみなさんのストレスがどのくらいなのかを知るために、77ページの【ママの心身ストレスチェックシート】の、□にチェックを入れてみましょう。

――いかがですか。

チェックが0の人は、おめでとうございます。子育てで忙しい毎日ながらも、心身ともにストレスはほとんどない状態のようですね。今のままの健康状態を保っていきましょう。

チェックが1～3個の人は、現代人なら誰もが感じているくらいのストレスレベルかもしれません。けれども、チェックが0のママと同様に、油断は大敵。身体に変調が出たときは、心と体のケアをしてあげることをオススメします。

「私はまだまだ大丈夫です！」「この子のためなら、もっともっと頑張らなきゃ！」と思っていることが、いつの間にか当たり前の状態になって、自分の本当の気持ちを見えなくさせてしまうケースもあります。

少しでも心と体の疲れを感じたら、誰かにＳＯＳを出したり自分を労わるように心がけたりして、定期的にこのチェックをするようにしてください。

チェックが4～6個入った人は、要注意。ストレスや疲れがだいぶ溜まってきているようですね。

ストレスの回復には、とにかく自分ひとりで抱えないこと。

「忙しくて、休むなんて無理です」

「夫も仕事で頼れないし……」

というママもきっといると思いますが、根本の問題は頼れる人がいないことではなく、お願いする時間がないことでもないのです。

「頼ってはいけない」

「自分でできることはひとりでやらなくてはいけない」

「迷惑をかけてはいけない」

「きっとわかってもらえない」

などの、**自分の無意識の信念通りに、目の前の現実が見えてしまっているかもしれない、**ということです。

自分では現実を抜け出す方法が見当たらないときこそ、ちょっと心を開いて、一番身近な旦那さんに話してみませんか。「あなたも疲れていて申し訳ないけど、私もしんどいし、頼ることができないのは苦しい」と悩んでいることをそのまま伝えてみるのです。勇気を出して歩み寄ることで、信頼関係を築いていくチャンスかもしれないですよ。

そして、**チェックが7個以上の人は、厳重注意です。**あなたのストレスは慢性化しているかもしれません。今まで、痛い、疲れた、つらい、イヤだ……などの体の感覚や心に浮かぶ感情を、麻痺させ、無視してきていませんか？

自分に嘘をついて我慢し、頑張らせる癖にここで気づいたのならここから変えるチャンスです！　身近で距離の近い家族よりも、距離のある専門家などのほうが、気兼ねなく話せるというママもいるので、今すぐカウンセラーや心療内科、自治体の相談窓口などの専門家に頼ることをオススメします。家事代行などを利用して、自分のやりたいことをやったり、休んだりする時間を確保するというも良いかもしれません。

まずは今、自分を救うことを第一優先に考えてみてくださいね。

英語の「ease」という単語には、安心、安楽、気楽、ゆったりしていること、困難のないことといった意味があります。

一方、「dis」という、反対、非を示す表現を「ease」に付けた「disease」という単語は、病気、不安、といった意味。つまり、自分が本来の自分でいられない状態・本当に思っていることや、やりたいことと言動の不一致状態が心と体の病を招くということを意味しています。

ストレスや疲労はただ単に身体の変調として出るだけでなく、**イライラしやすくなったり、言いようのない孤独感に襲われるようになったりすることもあります。**ストレスの蓄積＝自分の本心の我慢の蓄積と思って、ケアができるといいですね。

ママの場合は特に、日々の生活をすぐに変えることは難しいかもしれませんが、

「もしかして、体が疲れているから、こんなに落ち込んじゃうのかも……」

「ストレスが溜まっているのかなあ」

と感じたら、

「お疲れ様、私。いつも頑張っているね。本当は何か我慢していることはない？」

と、自分の心と体に向き合ってあげる時間を、ぜひ作ってください。

ママの心身ストレスチェックシート

Check sheet

□	「ご飯まだ？」「部屋散らかってるね」など何気ないひと言が責められているような気がしてすぐに傷ついてしまう
□	誰かに頼りたいのに、頼り方がわからないし、いちいち説明するほうが面倒くさくて「もう自分でやったほうがラクだ」と結局ひとりでやってしまう
□	ふとした瞬間に自分でもなぜだかわからないけれど涙が溢れ出そうになる
□	頭の中が常に子育てや家事などやらなくてはいけないことでいっぱいになり、あせったり追い詰められている気がする
□	人と話すのが億劫で「誰にも会いたくない」と感じたり、街中で知り合いを見かけても気づかないフリをしたり、陰に隠れたりしてしまう
□	見なければいいとわかっているのに、SNS でほかのママたちと自分を比べてみんなが楽しそうに子育てしている姿やイキイキキラキラしている姿にひどく落ち込む
□	現実が苦しくて、ついダラダラ SNS を見たりネットサーフィンをしたりして現実逃避をしてしまう
□	家のことをやる気力がまったく起きなくなり料理がどんどん手抜きになったり、家の中が散らかっていても片づけることができなくなったりする
□	体に良くないと思いながらも深夜の過食や、ジャンクフード・インスタント食品ばかり求め、結果胸やけを起こしたり、太ったりして余計に自己嫌悪に陥る
□	義母に子どもがなついたり、土日に上手に遊ぶパパのほうが子どもに好かれると「私、ここにいる意味あるのかな……」と自分の存在価値に疑問を感じてしまう

ぼっちケア

セルフカウンセリングする

私たちがぐるぐると悩みを繰り返してしまったり、なかなか悩みが解決しなかったりするのには理由があります。例えば、

「子どもが泣いているから、すぐにご飯をあげなければならない」

といったような解決策が明確なものは〝問題〟と呼びます。

一方〝悩み〟とは、

「最近、ずっと孤独を感じているけど、これは一体何なんだろう？」

と、漠然としたものです。

それは、その悩みである〝孤独〟からは、

「どこが原因で、何をすればいいのか？」

ということがはっきり見えてこないことが多いためです。

そこで、このセルフカウンセリングでは、みなさんの悩みを言語化（ラベリング化）し、客観的に見えるようにすることで、**その悩みがなぜ起こるのか、どうしたら抜け出せるのかを明らかにしていきます。**

みなさんの感情が大きく揺れたときに、

「今、私は何に悩んでいるのか？　どういう状態なのか？」

ということを、7つのステップに沿って、ノートに書き出していきましょう。

このワークは、ここまでみなさんが本書でやってきたことのおさらいでもあります。

さあ、それではスタートです。

★セルフカウンセリングをやってみよう

それぞれの問いにある例文や、本書の内容を参考にしながら、自分が考えていること、感じていることを思う存分に書き出しましょう。

ステップ1　自分の悩みを客観的に見よう

問1　**あなたは今、何に悩んでいて、どんな気持ちを感じていますか？**

・夫が家事や育児を手伝ってくれないので頭にくる
・子どもが何をしても「イヤ」と言ってイライラする
・今まで仲の良かった友だちに連絡しづらくなってしまって寂しい

（ポイント）

悩みを書き出すことで、自分の「現在地」を客観的に知ることができます。悩みの解決という「ゴール」に向かうには、まず今の位置を把握することが大切です。

ステップ2　セルフイメージとマイルールを確認しよう

問2　**問1の悩みを抱えるあなたはどんな人だと思いますか？　また、その悩みの中に、「○○するべきだ」「××しなければならない」というような思い込みやマイルールがありますか？**

・短気な人、すぐにカッとなってしまう人
・周りの人に理解されない存在
・誰かに頼ったり、甘えたりして迷惑をかけてはいけない
・夫も家事や育児はきちんとやるべき
・子どもになんでも思い通りになるわけじゃないことを示して、わがままな子にさせない
・子育ての話は子どものいない友だちの前でしちゃいけない

ポイント

ここでは、セルフイメージやマイルールを確認した上で、自分を責めるのではなく、**「家事も育児も全部ひとりで完璧にやろうとしないで、協力してもらうことがあってもいいよね」「人によって迷惑と感じるものは違うから、わからなかったら聞いてみてもいいよね」「性格が合わないママ友がいてもいいよね」**と、自分の心に「○○してもいいよね」と優しい言葉をかけてから、次のステップに進みましょう。

ステップ3　**幼少期のエピソードを思い出そう**

問3　**問2で出たセルフイメージやマイルールは、幼少期にどんな経験をしたからできたと思いますか？　思い浮かぶ範囲で書き出してみましょう。**

・私のお母さんもお父さんに対して「休みの日だからってダラダラしないで」と怒っていた

・そういえば幼い頃からお母さんに、ささいなことで厳しく叱られていたな

（ポイント）

ここでは、第1章の「幼少期の記憶」（49ページから）でお伝えしたように、自分の今の悩みと幼少期の記憶がつながったことで、「**あっ、これは、私のルールじゃなくて、お母さんのルールだったんだ**」「**自分は**（**親になったら**）**絶対にやらないと思っていたのに、私もやってた……**」**と気づくことが大事**です。

ここまでのステップで、腑に落ちたり、心が落ち着いたりする人も多いです。

ステップ4　自分の本音に気づこう

問4　今の悩みに対して「本当はどうしたいの？」と自分に問いかける

・夫にも自分から進んで家事や育児をしてほしい
・子どもと一緒に、何が「イヤ」なのか、どうしたら「イヤ」じゃなくなるのか、話し合いたい
・子どもが産まれたあとも仲の良かった友だちとは今まで通りに仲良くしたい

（ポイント）
ここではマイルールも思い込みもなくして、素直な気持ちを書き出してみましょう。

ステップ5　視点を変えて今の状況を見てみよう

問5　今の悩みの対象（旦那さん、子ども、周りの人）とも、相手のポジションに立ったつもりで考えるとしたら、その相手はどのように感じていると思いますか？

・夫が手伝ってくれなかったのは、やり方がわからなかっただけかもしれない

・子どもはきっと、悪意なく、ただ自由に遊びたかったんだろうな
・私の友だちだって、子どもとは関係なく私と遊びたいって思っているかもしれない

（ポイント）

ポジションを変えてみることで、**「相手はこう思っているはずだ」と、一方的に捉えていた**ことがわかったと思います。このステップでは、自分の誤解や思い込みから目覚め、周りの愛情や相手の思いに気づくことで、今の関係を修復していきましょう。

ステップ6 自分の中にある〝孤独感〟と向き合おう

①「強い責任感、できないことへの罪悪感」「我慢」「幼少期の記憶」に気づこう

問6 **「私の中に厳しいマイルールはなかったかな？　そのマイルールを周りに押しつけていなかったかな？」と問いかけてみてください。**

・夫がどれだけ家事や育児をするかは、それぞれの家によって違うのに、自分の理想的な夫の姿を決めつけていたかも
・子どものわがままにただ「ダメ」と言うだけでなく、なぜそれがダメなのか、理

由もわかるように丁寧に伝えてみよう

・ママ友みんなと仲良くしなきゃと思ってたけど、苦手なママ友がいたっていいんだ

問7

本当は怒ったり、不機嫌になったり、言葉を飲み込んだりして我慢するのではなく、どうしたかったのでしょうか？

・夫に子どもをお願いして私もゆっくり、ゴロゴロしたかった

・本当は「ダメ」って怒るのではなく、子どものやってみたい気持ちを大事にしたかった

・ただ素直に友だちに「今度遊ぼうよ」って言いたかったんだ

問8

問3で出た幼少期のエピソードを踏まえて、気づいたことはありますか？

・本当は夫だって家事や育児をしてくれていたのにダラダラしている姿ばかり目についちゃったのかも

・お母さんにされてイヤだったことを、自分も子どもにしていたのかも

（ポイント）

自分の中の心の傷に気づくことで、寂しさの奥に隠れた「本当の自分の気持ち」が見つかったかもしれませんね。優しく大らかな姿勢で3つの問いかけをしてみましょう。

②今の自分の寂しさを癒やしていこう

そして今度は、今あなたの中にある感情を癒やしてあげましょう。例えば、

「夫と激しく口喧嘩をしてしまって、悲しかったね」

「子どもに対して厳しく叱りつけてしまって、すごくつらいよね」

「今まで仲の良かった友だちと会えなくなるのは、寂しいよね」

という感じです。**ここで初めて自分自身を受け入れ、自分と仲直りすることができます。**

ステップ7　始めの一歩を踏み出そう

①もう一度、ステップ1の意味を考えよう

ここまでのステップで、**さまざまな心の傷や未消化だった感情と向き合い、**自分自身と

仲直りできるようになってきたかと思います。改めて、今の自分はステップ1の悩みや問題をどうやって対処したり、解決したりするのか、具体的に考えていきましょう。

②なりたい自分を考えよう

自分を癒やしたあとに大事なのは、**「私はこうなりたい！」「私はこうありたい！」という目標をもつ**ことです。

自分の本当の気持ちに少しでも近づけるよう、**「夫と育児や家事の分担などを見直せるよう、夫と会話する時間を増やしたい」「子どもと、なんでも話し合える関係を作っていきたい」**といったことを決めていけばいいのですね。

どんな小さなことでも構いません。**目標をもって一つひとつの行動を実現していくことこそが、ぼっちママにとっての〝始めの一歩〟**になるのです。

ぼっちケア

時間の余裕がないときは振り返りだけ

今までの項目が「なかなか難しかった」「忙しくてゆっくりできない」というママもいらっしゃると思います。その場合、１日の終わりに簡単にできる振り返りをしてみるのはいかがでしょうか？

さまざまな理由で自分を責めてきたぼっちママたちへ。自分のダメなところばかりを見て反省するのではなく、次の２つのことを確認してみてください。

①　今日１日を過ごして「できたこと」と「できなかったこと」

②　できなかったとしても、もっと改善していきたいこと

これは「本当の自分」に気づき、自分を癒やしていくための練習です。ここまでこの本でお伝えしてきたことを確認しながらトライしてみてください。

本書のぼっちケア全体にいえることですが、質問の答えは、**ノートやスマホのメモ帳、特典プレゼントの「専用ワークシート」などに実際に書き出していく**ことが大切です。

言語化（ラベリング化）された文字を自分の目で確認することで、今のあなたの思考や感情、行動が客観化され、明確に見えてくるようになります。

そこで特に注意したいのは、**〝自分責めのひとり反省会〟にならないように書いていく**ことです。

私は1日の終わりに「自分の行動の振り返り」として行っていますが、みなさんも、自分のベストな時間を見つけて、習慣的にやっていくことをオススメします。

またこのワークは、みなさんが**「寂しい」「つらい」「悲しい」と感じたときに、すぐに取りかかっても、効果があります。**

あなた自身が自分の一番の味方になって、自分に寄り添ってあげましょう。

★今日1日を振り返ろう

問1

今日1日で「○○ができなくて寂しい」と感じたのは、どんな場面でしたか？

・今日の夕食後、思い切って夫に、育児にもっと参加してほしいと話してみたけれど、話をうやむやにされて、やっぱりダメで寂しかった

問2

では逆に、今日1日で「できたこと」はありますか？

・いつもだったら寂しいままで何も行動を起こしていなかったけれど、この本を開いてぼっちケアをやってみることができた

問3

問1の〝寂しさ〟をなくすためには、ほかにどんなことができそうですか？

・夫が疲れてなさそうなときにもう一度、育児参加について話し合ってみよう
・伝えるときにわかりにくい話し方をしてしまったのかもしれない。伝え方を見直しておこう

この振り返りでは、みなさんの、
「今日できなかったこと」
「今日できたこと」
の両方を偏りなく見ていくことで、
「昨日までとは違う新しく行動している自分」を自身で確認しながら、望む未来へと進んでいけるようにしていきます。

そこで何もできない日があっても、心配はいりません。その日だけでなく、それまで毎日書いた「できたこと」「できなかったこと」「これからやっていきたいこと」を自分の目で確かめながら、

「明日はここをもっと良くしていこう♪」

と意識するだけでも、過去のモヤモヤしている自分から抜け出して、前に向かって行動していく原動力へとリセットできます。

続けてやっていくうちに、**日に日に自分に自信をもつことができ、変化や成長を感じていけると思います。**

ぜひ、トライしてみてください！

寂しさに「さよなら」しよう

みなさん、第2章の5つのぼっちケアはいかがでしたか。

ぜひ、ご自身が「やってみたい」と思うものを選んで取り組んでみてください。

私たちの誰もがそうなのですが、悩むときは、**自分や人のダメなところしか見ていない**のですね。自分のことも、ほかの人のことも白黒をつけてジャッジしてしまっていて、それが悩みにつながっています。

よく「自分ひとりでノートに書き出しても悩みが解決しません」と相談をいただくのですが、書き出す内容が恨みつらみノートのようになっていたり、自分のダメなところを過去までさかのぼって書き連ねていたりするような場合、解決するどころか、悩みをより深めてしまっているのです。

悩みは、キャンプファイアのようにどんどん薪をくべて燃えさからせると、その悩みさえ、実はメリットになってしまいます。例えば、その悩みの状態で居続けることで、自分から「助けて！」と言わなくても誰かが「どうしたの？」「大丈夫？」と声をかけてくれたり、断られて傷ついたりするリスクもないので、どうしても人は、受動的な状態のまま、悩みを解決できないでいることが多いのですね。

だから、ぼっちママたちにとっては、**自分の現状をきちんと把握して、心の傷を理解し、それを癒やして、能動的に人生のハンドルを握って、進んでいくことが必要なのです。**

5つのぼっちケアはいずれも、

「私はこれからどうしていけばいいか」

という未来につながる考え方やケアの方法なので、「寂しい」と感じたときや、悩みがあるときはもちろん、日常的に何度もトライしてもらえればと思います。

このあとの第3章、第4章、第5章では、ぼっちママたちからの相談でも特に多い、

〝夫についてのお悩み相談〟
〝子どもについてのお悩み相談〟
〝ママ友についてのお悩み相談〟

のケースと解決法をまとめました。

各ケースともに、ポイントとなる私の〝解説〟を入れながら、**読者のみなさんも一緒に、お悩み解決の〝ぼっちケア〟にトライしてもらう構成**になっています。

また、そこでは第1章と第2章で学んできた考え方を基本としながら、その先の、より具体的な視点での捉え方を数多く紹介しています。

あなたの悩みとは直接関係がないケースであっても、**旦那さんや子ども、ママ友との関係性のあり方やそれに対する考え方**など、ママたちにとって大事なことが満載ですので、ぜひ最後まで読み進んでください。

そして、あなたが、

「なあんだ。こうやって考えていけばいいんだ！」

と、気づいたその先には、

「じゃあ、私はこうやって行動していこう！」

「自分の人生は自分で動かすことができるんだ！」

と過去の暗闇も希望に変えられる世界がきっと広がっていくと思います。

それでは、次に進んでいきましょう。

第3章
ぼっちママと夫

Case 1

どんどん会話レスになっていく

子どもが産まれてから夫婦の会話がどんどん減っています。1日に1回の会話どころか、朝の挨拶も目を合わせたかどうか……。

出産前はそんなことはなかったはずなんですけど。私の余裕がないからでしょうか、ちょっと育児の相談をしたいときでも、「仕事で忙しい夫に、こんなこと聞いていいのかな」「ママとして私がちゃんとしなきゃ」「どうせ聞いてもらえない」と、自分に言い聞かせてしまいます。

それなのに、夫が休日にだらだらしているのを見ると、ついイライラして、不機嫌オーラを出したり、「これくらい自分でしてよ！」と怒ったりしてしまいます。夫も不機嫌を察するのか、話しかけてくることはなく、ますます会話レスになっている状態です。

寂しいと思うことはあるのですが、今さらどうやって会話を増やしたらいいのかわかりません。

このママのように、出産後に旦那さんと「会話レス」になり、たくさん言葉を飲み込んできた無意識の我慢が積み重なった結果、心に溜まりに溜まった不満が「一気に爆発」してしまう――といった、極端な形でコミュニケーションに偏りができているケースのご相談は、とても多いのですね。

会話レスの原因のひとつは、「会話をしたい」と願っても叶わなかったり、思ったように会話ができないことが繰り返し続いたりしたことで、ママ自身が、

「夫と会話をしないほうがもう傷つかないで済む。期待しないようにしよう」

と、**自分の心を守るために「会話レスのほうがマシ」と諦めた結果だったりします。**

そして、その諦めが〝心の癖〟となって凝り固まっているのですね。

「仕事で忙しい夫に、こんなこと聞いていいのかな」

と言葉を飲み込んでしまうのも、ネガティブな反応があることを恐れている無意識の心の癖、ということもあるのです。幼少期、お父さんやお母さんにうまく気持ちが伝えられなくて諦めたり、心を閉ざしたりした経験のある人には、特にこの傾向があります。

あなたは旦那さんと会話をしていたとき、どんなことにガッカリしたり、期待していた話ができなくて悲しい思いをしたりしましたか？

次のぼっちケアでは、**旦那さんとの会話のすれ違いに気づき、たくさん飲み込んできた自分の本当の心の声を聴いてあげましょう。**もしかすると、

「子どもの頃のあのとき、親に自分の気持ちをわかってもらえなかったな」

という幼少期の思いにも気づくかもしれません。そうした自分の本当の思いを知って、自分が自分をわかってあげることで、旦那さんに求めること、話す言葉も変わっていきますよ。

会話レスの原因のもうひとつは、**ママが1回のやり取りですべてを解決できると思っていることです。**私のコミュニティのママさんたちを見ていて思うのは、ママたちは分刻み、秒刻みで忙しい毎日を過ごしているので、

「夫に1回伝えてわかってもらえなければ、もう2回目はない」

「1回で伝わらなければ、もう諦めたほうがマシ」

と、すぐに決めつけてしまう傾向があるということです。ただでさえ、人はたった3％の顕在意識同士でしか話をしていないのだから、1回だけで互いにわかり合おうとしても、それは無理な話ですね。

一度で伝わらなくても当たり前。何度だってお互いの思いを伝え合っていきながら、「こうありたいな」という関係を築いていきましょう。

ぼっちケア

自分の本当の思いを知って旦那さんとの会話を取り戻そう

さあ、それでは実際にノートを用意して、1から始まるステップの問いの通り、自分の心に正直に、思ったままを何個でもいいので、答えを書き出していきましょう。

ステップ1 本当はわかってほしかった……旦那さんとのすれ違いに気づく

問1

あなたは旦那さんとの会話で、どんなことにガッカリしましたか？　どんな気持ちで会話をしなくなりましたか？

- 何度話しかけても「今、仕事で忙しいから」と言われるので、私ひとりでちゃんと子育てをしなくてはと思った
- 相談してもすぐにアドバイスや正論のようなことを言われて、私の身になって考えてくれないので、話すのを諦めた

問2

問1の答えに対して、あなた自身の本心は旦那さんにどうしてほしかったのですか？　どんな言葉や態度がほしかったのですか？

・本当は、忙しいときでも私の話を聞いて、「そうか、大変だよね」と寄り添ってくれる言葉や態度がほしかった

・子育てや家事のことを夫と話し合いながら一緒にやりたかった

（ポイント）

問1で出た答えは「**私はこうするべき**」「**夫はこうするべき**」というあなたの心の癖。問2で「**自分の本当の思い**」を知って、「**じゃあ、夫にその気持ちを伝えるためにはどうしたらいいいんだろう？**」と自分に問いかけてみましょう。

ステップ2　旦那さんはどう思ってる？　視点を変えて心の距離を縮める

問3

もし、あなたが旦那さんと入れ替わったとすると、旦那さん側から見たあなたや今の状況はどのように感じられるでしょうか？　想像してみましょう。

・私が嫌いだとか、話を聞くのが面倒なのではなくて、ただ疲れているだけなのかも

・私にとって気づいて当たり前のことも、夫からはただ見えていないだけなのかも

問4

問3での回答をさらに発展させると、どんな思いが出てきますか？

・夫は何に疲れているんだろう？　それを聞いてみたいな
・夫は、私や子どもとどんなふうに関わっていきたいんだろう

（ポイント）

ポジションチェンジをすることで、相手の目で物事を観察し、その世界観が見えてきて、「この人のことを理解しよう」という気持ちが出てくることがよくあります。**旦那さんにどう対応すればより良い関係に向かえるのか**を、このぼっちケアを通して見つけてみてくださいね。

ステップ3　伝え方を変えて心に届くコミュニケーションに

①まずはイメージから始めてみよう

最初からきちんと向き合って語り合うことは難しいケースも多いので、まずはなぜ旦那

さんと話したいのか？　どんな夫婦関係になりたいか？　イメージしてから、具体的に何と伝えたらいいのかを考えてみましょう。例えば、「挨拶くらいはちゃんとしなきゃ」と思っていても、相手がそう考えているとは限らないので、あくまでも提案という形で自分の希望を伝えられるといいと思います。

伝え方ＮＧ例　「おはよう。挨拶くらい、きちんとしようよ」（「挨拶はするべき」と正しさをアピールするのはＮＧ）

伝え方ＯＫ例　「おはよう。私もできないことはあるけど、１日の最初の会話は挨拶から始めたいと思っていて。どうかな？」（笑顔）

②自分の思いを一度だけではなく、何度でも磨きながら伝えていこう

もし自分の提案が１００％聞き入れられなくても、互いの意見のすり合わせができるようになればＯＫ。対話というのは、どちらか一方の意見ばかりに従わなければいけないわけではないからです。

例えば、

「（あなたは）仕事のある日は大変だと思うけど、（私は）土日は子育てを手伝ってほしい

と思っているの。どうかな？」

「あなたも疲れていると思うけど、私も疲れているから、ひとりで休みたいときもあるの」

と、**旦那さんの立場を尊重した上で、自分の一意見（アイ・メッセージ）として、「私は◯◯と思っているの」と伝えます。**意見は違って当たり前。互いに思っていることを知り、一緒に決めていくことが大切です。

ぼっちママたちは、旦那さんが疲れていることを察すると、つい優しさから旦那さんの意見だけを聞き入れようとして、自分の心を置いてけぼりの「ぼっち」にしている人が少なくないです。私のコミュニティのママさんの中にも、自分の思いを伝えることで、旦那さんに、「話してくれて良かった」と言ってもらっている方がいらっしゃいます。あなたも、ぜひトライしてみましょう。

ワンポイントアドバイス

相手を責めたくなるときは、実は自分を責めているとき――そう思って自分の本当の心に気づいていこう

Case 2

夫にイライラがちょこちょこ爆発！

夫へのイライラが止まりません。子どもの世話や家事は私中心で、夫も手伝ってくれないわけではないのですが、かえって面倒なことになってしまうんです。

お皿洗いや掃除をしてくれても、洗い残しがあったり、掃除機はかけても、水拭きはしてくれなかったりなど、何をやっても中途半端で、いつも私がやり直しています。

私にももちろん、やってくれたことには「ありがとう」と言いたい気持ちはあります。だから結局、自分が言いたいことも伝えられないまま、何かあるたびに「ああ、もうっ！」とイライラを爆発させてしまいます。

そんな様子を見て、夫も「なんでもやるから言って」と声をかけてはくれます。でも、「この人、私が考えていることを全然わかってくれていないんだな」と思うと、なんだか寂しくなってしまいます。

夫婦間の育児・家事負担がママに偏っている場合、たとえ旦那さんがやってくれたとしても、「主体的にやってくれない」「育児・家事のあらが目立つ」と、イライラをたびたび爆発させてしまうことは、本当によくお聞きする悩みです。

このケースにもあるように、ママたちの旦那さんへのイライラの根本の原因は、

「爆発しないと、夫にわかってもらえない」

と無意識に信じてしまっていることにあります。また、イライラを爆発させることで、

「口に出しては言えないから、察してもらいたい」

という欲求を叶えようとしているのですね。

まずは冷静に、

「私は夫にどうしてほしいんだろう？」

と、自問してみることをオススメします。

次に、このイライラとじっくり向き合ってみると、実は爆発しているのではなく**〝限界のサイン〟が表れていること**に気づくかもしれませんね。本当は旦那さんに助けてもらいたいのに、本音を言えず、自分の心に嘘をついている状況が積もりに積もって、「誰か助けて！」と限界を知らせるサインが表れるのです。

イライラして相手に自分の状況をわかってもらおうとするのは、過去に「限界まで頑張らないと理解されなかった」という傷ついた経験が影響しているのかもしれません。

また、イライラや本音を言えない状態が続くのは、幼少期の家庭環境で次のような思い込みが根付いた可能性があります。

「イライラするのは力のある人だけがするもの」

「我慢していれば誰かが助けてくれる」

こうした無意識の思い込みが、今の感情や行動に影響していることもあります。

例えば父親がいつもイライラしていた人で、家族が言うことに従っていたり、母親がとても忙しい人で、子どもの自分が母親の顔色をうかがいながら手伝いをしたりしたような経験があると、大人になってもその思い込み（「イライラすれば相手をコントロールできるんだ！」「大変そうであるほうが、周りに気を遣ってもらえるんだ」など）をマイルールとしてもち続けてしまうのですね。

次のぼっちケアでは、「もっと頑張ってよ」と旦那さんをコントロールしようとしたり、「何も言わなくても誰かに助けてほしい」と思ったりしていた自分を認めて寄り添い、幼少期からの思い込みを緩めていきましょう。

ぼっちケア

イライラの原因を見つめ直して爆発をなくしていこう

ステップ1　イライラの奥にある〝本音〟に気づこう

問1

あなたは育児・家事を手伝ってくれた旦那さんの、どんな行動や言葉にイライラを爆発させましたか？　どんな気持ちで何も言わなくなりましたか？

・夫は育児や家事を手伝ってくれるけど、自分から育児について調べることはなく、「もっと適当でいいんじゃないの？」と言ってくる。「育児のことは何もわかっていないくせに」とイライラした。夫は育児や家事に関しては万事がそうで、何も言う気がなくなった

・特に夕食時は、私は子どもの面倒をみることと食事の用意とで大変な状態。それを見ているはずなのに、夫は「これをやって」と指示しない限り何もやってくれなくて私がイライラを爆発。呆れるのと同時に悲しくなって何も言わなくなった

問2

問1の答えに対して、あなたは本当は旦那さんにどうしてほしかったですか？

・本当は、私のようにいろいろ調べながら、育児や家事をしてほしかった

・家事や育児をもっと丁寧にしてほしかった

・何も言わなくても、私の大変さを察して積極的に育児や家事をやってほしかった

（ポイント）

ここで出た答えは、あなたがこれまで**潜在的にもち続けてきたマイルール**。次のステップ2で、幼少期の記憶をたどって、そのルールが作られた背景を思い出しましょう。

ステップ2　過去の自分の傷（幼少期の心の癖）に気づこう

問3

問2の答えで出たマイルールは、幼少期のいつ頃、どのような経験をしたから作られたと思いますか？　思い浮かぶ範囲で構いません。「そういえば、あんなこともあったなあ」といった感じで思い出してみましょう。

・父が仕事ばかりで家にいなくて、ほとんど母がワンオペ状態で私たち子どもを育ててくれたが、母がとても大変そうで可哀想に見えた。だから、「父も積極的に

育児や家事をして母を助けるべきだ」と思っていた

・母は仕事をしながら家事も頑張っていたので、大変そうな様子をしているときは、いつも私が母の顔色をうかがいながら手伝いをするようにしていたから「何も言われなくても察して動くべき」と思っていた

（ポイント）

問3であなたが出した答えは、幼少期に作られたマイルール。「**なんでも完璧にやらなければガッカリされて期待を裏切ってしまう**」という無意識の恐れを信じていたり、「**我慢をして周りを優先していれば、いつか自分に対しても周りの人が察してくれるのでは**」と思い込んだりしてきた結果、今の旦那さんとの関係でも、それが無意識のパターンとなったルールとして出てきているのです。

問4

問3で出た幼少期の記憶の中で、あのとき、相手にもっとどうしてほしかったのでしょうか？　そのときあなたはどんな感情をもっていたと思いますか？

・父の期待通りでない私も認めてほしかった。ありのままの私ではダメな気がして、寂しかった

・家事のお手伝いをするときだけでなく、母にもっと学校の話を聞いてもらったり、いつもの私を見てほしかった。それをわかってもらえなくて、悲しかった

・母を助けようと愚痴を聞いたりして頑張ってきたけど、実は私のほうが助けてほしかった

（ポイント）

ここでは、幼い頃からもっていたあなたの本当の気持ちに寄り添って、「**そうだったんだね、大変だったね、寂しかったね**」と自分の心を癒やしてあげましょう。そしてそのあとは、現実の問題に当てはめて、自分の本当の気持ちを見つめて、あのときはできなかったけど、今なら言えること、できることを具体的に考えて行動の一歩を踏み出そう。

ステップ3　マイルールを緩めて、イライラを小さくしていこう

みなさんのイライラの原因の多くは、このぼっちケアで見てきたように、幼いときにつくられた完璧な理想像を求めて、「こうでなければならない！」と、自分を縛ってきたことかもしれません。

完璧な理想像がすべて悪いわけではありません。けれども、大人になった今、自分の本当の心に嘘をついて、イライラしながら心が置いてけぼりの「ぼっち」になっているのであれば、**その完璧さを緩めていってあげませんか。**

幼い頃に作られた「我慢をして周りを優先していれば、いつか自分に対しても周りの人が察してくれるはず」という思いもそうですね。大人になった今は、一度**その我慢癖に隠された恐れと向き合って、現実の目の前にいる人を色眼鏡なく見てみましょう。**

そうすればきっと、自分自身に優しくなって、旦那さんに対しても、

「私にもできない部分があるし、お互いさまだから、助け合っていけばいいんだね」

と思えるようになります。

イライラが落ち着いたら、101ページからを参考にしながら、旦那さんにあなたの気持ちを伝えてみましょう。

ワンポイントアドバイス

イライラは〝自分の限界〟を知らせてくれるサイン。自分の中の完璧な理想像や我慢を緩めよう

Case 3

パパ！　子どもの言いなりにならないで！

うちの夫は子どもの要求に決して「ダメ」と言いません。その様子を見ていると、どうしても子どもを任せられないんです。

例えば子どもと買い物に行ったとき、「このお菓子がほし〜い！」と子どもが言えば、夫はなんでも買ってあげてしまうんです。「お菓子は1日1個だけ」「同じお菓子は家にあるものを食べてから買うんだよ」などと、私はいつも言い聞かせているのに。

テレビを見ることも、寝る時間も、ほかのことすべてがそうで、私は子どものことを考えてやっているのに、夫は「そのほうがあの子が喜ぶし、いいじゃない」と言って甘やかしています。

つい先日も、子どもから「パパ大好き！　ママ怖い」と言われてしまい、「なんで私だけ!?」と寂しくなっています。実は子どもの祖父母も夫と同じ状態で……どうしたらいいのでしょうか。

ママたちは日々の生活の中で、育児書や雑誌、ネットなどのさまざまな情報を得て、できるだけ良いことを子育てに取り入れようとしているからこそ、旦那さんの子どもに対する態度に、自分の思いをくじかれたような、あるいは邪魔されたような気がしてしまうのかもしれません。

ママにとっては大事な価値観（マイルール）が旦那さんとずれていて、**お互いの、**

「なぜ、そうしているのか？」が見えていないのですね。子育てや家事に追われる中、旦那さんとはたった3％の自覚できる顕在意識で会話をしているだけなので、ママの97％の潜在意識にある経験や情報、思いが、旦那さんにはもちろん、自分自身でさえ把握できていないことがほとんどなのです。

そこで大事なのは、

「なぜそんなに怒りが湧くほど、夫に自分の言うことを聞いてほしいのか？」

ということです。強い怒りの底には、大きな不安や恐れが隠れているもの。だから、

「一度でも甘やかしてしまうと、どうなりそうで怖いのか？」

「何が起こることを想像しているのか？」

ということを、このぼっちケアで考えてみましょう。

そうすると、このご相談でいうと、「**子どもが甘えん坊でわがままになってしまう**」「**夫やおじいちゃん、おばあちゃんのほうが好きになって子どもを取られてしまう**」といった不安や恐れが出てくることがあります。まずはそのことに気づきましょう。

その不安や恐れの大もとは、外部からのニュースや情報、社会常識のほかに、幼少期の記憶の中にも隠れているかもしれません。

あなたにも、自分より誰かのほうが好かれていると感じたり、可愛がられているように思ったり、自分は頑張っても報われないような気がした経験はありませんか？

ぼっちケアをしながら、そのことを確かめてみましょう。

そして、不安や恐れをリセットしたら、**自分だけでなく、旦那さんとも向き合いましょう。旦那さんにはあなたが子育てで大事にしたいことや、その大事にしている理由が伝わっていないだけかもしれません。**

悩みが出てきたときが、問題を解決できるとき。一旦立ち止まって、旦那さんと話し合うことをオススメします。

ぼっちケア

「なぜその決まりがあるのか？」を夫婦で共有しよう

ステップ1

なぜ旦那さんに任せられないのかを言葉にしてみよう

問1

あなたが旦那さんに子どもを任せたくないと感じるのはなぜですか？

・子どもには学校の宿題をしたり、勉強をしたりする時間が必要なのに、夫にいくら言っても子どもが好きなときにゲームをやらせたり、動画を見せたりしているから。何のつもりでそうするのか知りたい

・お金の使い方を覚えてもらおうと思ってお小遣いの金額を決めているのに、すぐに子どもの好きなおもちゃを買い与えてしまうから

・チョコレートは3歳を過ぎてからと決めているのに、夫は勝手に与えてしまうため

・お菓子を時間や量を考えずに与えると、虫歯になるだけでなく、お腹を壊したり、食事をきちんと取らなくなったりするのに、夫はすぐにそれを破るため

（ポイント）

問1で出た答えは、あなたのマイルールです。あなたにとっても、「私はそれを大事にしてきたんだ」ということを、改めて確認することは、とても意味のあることです。そのことに気づいたら、次はそこにある〝不安〟や〝恐れ〟について考えてみましょう。

問2 **なぜそんなに怒りが湧くほど、自分の言うことを旦那さんに聞いてほしいのですか？　怒りの裏にある〝不安〟や〝恐れ〟を書き出してみましょう。**

・夫に任せきりだと、子どもがわがままに育ちそうで不安
・毎日子どものしつけをしているのは私なのに、それが意味のないものになってしまう
・子育ての主導権を夫に奪われるのはイヤ。私の立場がなくなりそう
・子どもが夫にばかりなつき、私の言うことを聞かなくなりそうで怖い

（ポイント）

ここでは普段は気づかなかった不安や恐れを、しっかり受けとめてあげてくださいね。

ステップ2　マイルールの根拠を見つけよう

問3

問1で出た答えの情報源には、
①幼少期に母親や父親に言われていたこと
②子育てなどの専門家が言っていたこと
③日本で伝統的に言われてきたこと
④社会的ルール
といったものがありますが、あなたのマイルールはどこから来ていると思いますか？

- 子どもの頃、いつも母に「宿題をやってから遊びに行きなさい」ときつく言われていて、それが当たり前だと思っていた
- 母からは、お誕生日やクリスマス以外でおもちゃがほしければ、お小遣いを貯めて買いなさいと言われていた
- 以前読んだネット記事にチョコレートは3歳を過ぎてから食べさせるのが望ましいとあった
- どこで知ったかは覚えていないけど、常識として、子どもには決めた時間以外は

お菓子を食べさせないと思っていた

（ポイント）

もし、不安や恐れの大もとが、①の幼少期のことだとわかったら、それを守ってきた自分の思いを否定せず受けとめてあげることで気持ちが落ち着くかもしれませんね。それができたら次は旦那さんの考えとすり合わせをします。

ステップ3 「子育てについての決まりごと」を旦那さんとすり合わせよう

① 旦那さんにマイルールの根拠を伝えよう

まずは旦那さんと話す機会をつくって、問3であなたが出した情報源の答えを、そのまま全部伝えてみましょう。

② 旦那さんと育児についてしっかり話し合おう

自分の情報源（マイルールの根拠）を伝えたあとは、旦那さんと2人で、

「子どもの頃、どんなしつけをされてきたか？」

をテーマに、幼少期の家庭内のルールについて話し合ってみましょう。

旦那さんの子どもへの接し方にも何か根拠があるかもしれません。そうしたお互いの行動の理由をすり合わせていくことで、ママも少しずつ自分だけのルールを緩めていけますよ。

私はこれまでコミュニティのいろいろなママさんと接してきましたが、しつけのルールは個人や家庭によって実にさまざま。でも意外と、それについて夫婦で話し合っていないことが多いのです。これを機会に、良い話し合いができるといいですね。

ワンポイントアドバイス

「甘やかさないでよ!」と旦那さんに怒るのではなく、「なぜそれをやっているのか?」に注目して、お互いに自覚できていない97%の意図を伝え合っていこう

Case 4

やめられない夫への試し行動

夫は率先して家事や育児をしてくれるのか、してくれないのか——最近、それを探るのが私の癖になっています。

毎日子どもを寝かしつけたあとは、私も眠気と1日の疲れでぐったり。重い身体を起こして「さあ、今日はどうかな？」と寝室からキッチンへ直行。

そこで夫が食後に溜まった食器を洗ってくれていれば、「OK、私は大切にされている！」、そのままであれば、「どうせ私は大切にされていないからね～」と思うことの繰り返しです。夫が家事をしている私に「手伝おうか？」と言ってくれるときも、「いいよ、私がやるから」と言いつつ、それでも夫がやってくれるかどうかを見ていることも……。

夫に期待しなければいい、ということはわかっているつもりです。でも、どうしてもやめられません。

このママのように、旦那さんの愛情を推し量るのは、**自信のなさや不安から来る「愛情がない前提」「愛情がいつかなくなる前提」で考えてしまう〝見捨てられ不安〟があるからです**。

「夫に大切にされていない」

「愛されていないに違いない」

と思っていると、今以上に大切にされなくなったり、愛情がなくなって見捨てられたりするのが怖くて、〝お試し行動〟をして真意を確かめようとするのですね。自分から「手伝って」と言わずに旦那さんに自発的にやってもらうことで、「まだ夫の愛情はある」というわずかな安心を得るためのお試し行動なのです。

「愛情がない前提」「愛情がいつかなくなる前提」は、**幼少期の体験からくる、「○○をしたら愛される」という、条件付きで自分を見てきた心の癖が作り続けているもの。**条件付きの愛は、もらったときは安心できても、次の瞬間にはまるで手の指の間から砂がこぼれ落ちるようになくなってしまい、またすぐに不安で自信のない日々が続くことになります。

だからまずは、その幼少期の記憶にさかのぼって、「**寂しかったね**」「**悲しかったね**」と、子どもの頃の自分に寄り添ってあげて。

そこでは、妻の役割を演じ、必死で旦那さんに愛を求めてきた大人の自分も、**「頑張ってきたね」「不安だったね」**と受けとめてあげたいですね。その上で、できることもできないことも含めて、条件付きであってもなくても、あなたの存在を認めてあげましょう。十分にあなた自身に優しさや愛情を与えてあげたら次に進めますよ。

次に、子どもの頃の「〇〇をしてもらいたい」という欲に気づいたら、今度はその欲のバージョンアップです。**もらおうとする子どもの愛から、自分から与える大人の愛情表現に変えていきましょう！**

最初は抵抗があるかもしれません。でも、あなたの中に愛情がたっぷり満たされているのなら、自分から愛や優しさを与えても、それらは減らないし、なくならないことが、きっと体感できますよ。

人は、他人に愛を与えれば与えるほど、「私はたくさんの愛情に溢れている人」と自分へのイメージも書き換えられていきます。それは、自分を軸に愛情の循環を起こしていけるからです。愛は、試してもらいにいくのではなく、自分から与えにいくものなのですね。

ぼっちケア

子どもの頃の〝条件付きの愛〟を見直そう

ステップ1

条件付きで愛された記憶を癒やそう

問1

あなたは子どもの頃、「○○をしたら愛される」という条件付きで愛された経験がありますか？　幼少期の記憶を書き出していきましょう。

・私が学校でいい点をとったときだけ父が褒めてくれたので、いつも期待に応えられるように頑張っていた

・小さいときから弟や妹がいて親にはかまってもらえなかったけれど、弟と妹の世話や家事の手伝いをして、母の役に立っていたら褒められた

（ポイント）

ここで幼少期の記憶が出てこない場合は、次のステップ2から始めましょう。

問2

問1の答えに対して、あなた自身、本当はどう思っていましたか？

・父が怖かった。本当は父親にどんなときでも私のことを好きでいてほしかった

・手伝いをしているとき以外にも、私のいいところを認めて大切にしてほしかった

（ポイント）

問2で出た答えを受けて、ここでは「**怖かったね**」「**寂しかったね**」「**大変だったね**」「**頑張ったね**」と、幼い自分の心に十分に寄り添ってあげましょう。

ステップ2　旦那さんに期待する気持ちをもう一度確認しよう

問3

あなたが旦那さんにお試し行動をするのは、どんな期待があるからですか？　それが期待通りにいかないときは、どのような気持ちになりますか？　たくさん書き出してみましょう。

・私がすごく疲れていることをわかってくれているのか、父親としての責任感があるのかどうかを確かめるためにやっている。何もしてくれないときは、私のことをわかってくれていないんだと思って、すごく寂しい

・私を大切にしているならもっと家事をやってくれると期待してお試し行動をしている。３回のうち１回でもやってくれたら嬉しい。でも、そうじゃないことが多いから悲しくて、夫が嫌いになりそうになる

（ポイント）

問３で出た答えを見るとお気づきかもしれませんが、「期待する」ということは、それだけほかの誰でもない旦那さんに対して関心をもち、心のつながりを求めているということです。

お試し行動から期待通りの結果が得られず、普段は「仕方がない」と諦めている人も、ノートに気持ちを書き出すことで、自分の本音を聴くことは諦めずにいてあげたいですね。

ステップ３　「察してほしい」を卒業し、愛を伝える力を育てよう

①旦那さんへの愛情や理想の夫婦関係、つながり方を書き出そう

問３でノートに書いた自分の本当の気持ちを眺めながら、今度は、

「旦那さんとどんな夫婦関係を築きたいか？」

「旦那さんに抱いている感謝や思いやり、愛はどんなものか？」

「旦那さんと心がつながっているとしたら何を伝えたいか」

を書き出します。遠慮はいりません。思いっ切りノートに書き出しましょう！

- 本当はお試し行動なんてしたくなかったけど、言葉でお願いしづらくて、ごめんね。いつも本当にありがとう
- 父親としての責任感を求めていたのは、ほかでもないあなたと一緒に協力して子育てをしたかったから。一緒に泣いたり、笑ったり、喜んだり、悩んだり、共有したいくらい大事な存在だからだったんだ
- いつも家事や育児で大変な私の気持ちをわかってほしいと一方的に思っていたけど、私もあなたの気持ちをきちんと聞いていなかったことに気づいた。明日、ちゃんと聞くからね

② 自分から愛や感謝を伝えに行こう

旦那さんに対しての思いやりを書き出すことで、自分自身でも満たされていく感覚はありませんか？　今度は、その愛を自分から相手にきちんと伝えましょう。

そこでまずやってほしいのは、**笑顔で感謝の言葉を届けること。**

「ありがとう」「本当に助かったわ」「お疲れ様」と、なんでもいいのです。これらの言葉は、相手の存在を認め、感謝の気持ちを伝えるだけでなく、子どものころの条件付きの愛情やお試し行動がふと出そうになったときの〝切り替えスイッチ〟にもなります。

お悩み相談のママのように、キッチンでチェックしそうになったら、**「ストップ！ やっていても、やってなくても、愛されていないわけではないよね。『いつもお互いお疲れ様』だよね」**と、スイッチを切り替えれば、旦那さんに対する不安や不満ではなく、愛情や感謝に目を向けられますよね、きっと。

ワンポイントアドバイス

お試し行動をしそうな自分に気づいたら、切り替えスイッチＯＮ！ 自分の本当の気持ちを思い出して、旦那さんに感謝の言葉を伝えよう

Case 5

この先ずっとこの人と一緒にいていいの？

　夫とこのまま結婚生活を続けていけるのかどうか、不安です。夫は家のことでも何をするのでも、「君の好きにすればいいよ」と私に任せっきり。以前は、「それだけ私を信用してくれているんだから、頑張らなくちゃ」と思っていました。

　でも、子どもが保育園で友だちとトラブルを起こしたとき、夫は仕事で駆けつけられなかったのは仕方ないとしても、帰宅後に子どもと向き合うことさえしませんでした。さすがの私も、「こんなときに、あまりにひどい！」と、泣いて訴えましたが、「え、君が対応してくれたんだから、大丈夫でしょ」と言うだけ……。

　そのときやっと私は、それまで何度も私が窮地に立ったときも、「そのくらい自分でやって当たり前でしょ」という態度だったことを思い出したんです。それからは、私を尊重してくれない夫と一緒にいるのがイヤになって、離婚することも頭に浮かぶようになっています。

「今こそ助けてほしい」と思っているときに、旦那さんから期待通りの反応がなかったら、それこそ心がポッキリ折れてしまいますね。ましてやお子さんに関することとなると、なおさらです。相談者さんのように心が折れたとき、「この先ずっとこの人と一緒にいていいの？」と不安になったとき、「離婚」が頭をよぎったり、とっさに家を飛び出してしまったりするママはとても多くいらっしゃいます。

けれどもそういうときこそ、**まずは冷静になることが大事です。**

「離婚」で頭がいっぱいになってしまっているときは、旦那さんと離婚したときのメリットや、旦那さんのイヤな部分にしか見えていない状態がほとんどです。

「離婚をすれば夫にイライラしたり、私が傷つくようなことはなくなる」

「もう何もかもがイヤだ」

と、心の傷が大きくなりすぎて、暴走をしてしまっているのです。

「それだけ私が傷ついているんだね。私は私の味方だよ」

などと、**優しい言葉をかけたり、今のつらい気持ちをノートにすべて書くなど、溜め込んだものすべてを吐き出した上で、ぼっちケアに進んでみてください。**

また、**私たちの脳は、一度気になり始めたものをどんどん大きく感じる性質があります。**

例えば、新しいベビーカーを買おうと決めた瞬間から、急に街中で同じベビーカーばかりが目に入るようになること、ありませんか？

それと同じで「夫のここがイヤだな……」と思い始めると、そこにばかり意識が向いてしまい、

「ほら、やっぱりね！　ここもダメ、あそこもイライラする！」

と、どんどん旦那さんのイヤな部分ばかり集めてしまうのです。これは心理学で〝**選択的注意**〟といって、意識を向けたものが、より強く、はっきりと見えてくるんですね。

でも逆に言えば、どこに意識を向けるかを自分で選べるということです！

「もし本当に離婚したらどうなるだろう？」と想像してみると、意外にも旦那さんの良い面に気づけることがあります。「家事には不満があったけれど、子どもとよく遊んでくれていた」「経済的に支えてくれていた」など、普段は意識しなかったことが見えてくるかもしれません。

もちろん、十分に考えた上で離婚を選ぶご夫婦もいますし、それが必要な場合もあります。ただ、60ページでお伝えしたように、衝動的な反応は脳の仕組みからくるものだと

いうことも覚えておいてください。

次のぼっちケアでは、まずは落ち着いて、今、目の前にいる旦那さんとの関係を改めて見つめ直すことから始めましょう。

あるいは「夫のことが嫌い。もう離れたい」というケースでは、潜在意識の中に〝見捨てられ不安〟の意識が働いている可能性もあります。なぜ自分から離れたいのかというと、**「本当は相手から嫌われるのが怖い、嫌われる前にこっちから先に見捨ててしまいたい」**という、**逃避欲求**が隠れているからです。

これまで多くのママたちからご相談を受けてきましたが、心の奥底にある〝見捨てられ不安〟がなくならなければ、もし離婚をしたとしても、また違う人間関係を通して――例えば今度は子どもにものすごく執着して過干渉になったり、実家に帰ったら親に依存したりと、旦那さんとの関係で起こした同じようなパターンを繰り返してしまうことがあるのです。

自分の中の〝見捨てられ不安〟に気づいたら、123ページに戻ってケース4のぼっちケアをやってみましょう。

ぼっちケア

旦那さんとの関係を冷静に見つめ直そう

ステップ1

旦那さんと別れたときのデメリットを考えてみよう

問1

旦那さんともし本当に別居か離婚をしたら、どんなデメリットがあるかを、具体的に書き出してみましょう。

・子どもを連れて独立するとなると、実家に戻るか自分でアパートを借りるかしかないので、何か問題が起きたときも、今の状況と変わらず、自分ですべてに対処していく必要がある

・夫と別れたあと、経済的には問題なくても、今度は子どもに依存してしまいそうで怖い

・子どもが父親と暮らせなくなるのは最大のデメリット。別居するとなると、経済的にも不安だし、今まで家事を一緒にやってくれた夫がいなくなるのも不便だ

（ポイント）

「もうこの人とは、絶対に一緒にいられない！」と感情的になっていた心を一旦鎮め、60ページのように頭の中の思考を爬虫類脳や哺乳類脳から人間脳に戻して、別居や離婚をしたあとのデメリットを細かい点まで考えていくと、自分でも驚くほど冷静に現実を見ることができるかもしれませんね。デメリットが出てきたら、今度は普段あまり考えることのない、これからも夫婦生活を続けていくことのメリットについても考えてみましょう。

ステップ2 旦那さんといることのメリットを考えよう

問2 次に、あなたが旦那さんと一緒にいることのメリットを、思いつく限り書き出していきましょう（希望も可）。

- 子どもの成長を一緒に見守りたいし、やはり夫と一緒にいることで自分も成長できるのはメリットだと思う。私が自分を尊重できるようになったら、夫とも互いにもう少し対等に話せるようになって、わかり合えるようになるかもしれない
- 夫といれば経済的には安心。子どもにとってもパパが好きで必要としているから、

いてくれるとありがたい

いかがですか。一度冷静になって、旦那さんといるときや、別れたあとのことのメリットとデメリットを考え、客観的に捉えていくことで、これから自分のやるべきことが、たくさん見えてきたと思います。

その上で124ページからのケース4のぼっちケア、ステップ2やステップ3をやってみましょう。

夫婦間の状況が最悪に思えるときこそ、このぼっちケアを繰り返しやっていくことで、最善の解決策を見つけていけます。

ワンポイントアドバイス

「離婚」がよぎったときは、まずは人間脳に切り替えて、夫婦でいること・離婚した場合の「メリット」「デメリット」を考えよう

第4章

ぼっちママと子ども

Case 6

子どもに嘘をつかれて悲しい

小学生の子どもがたびたび嘘をつくようになって、困っています。

「宿題をやったの？」と聞けば、「やった」と言うので確認するとやっていなかったり、ピアノのおけいこも「行った」と言っていたはずなのに行っていなかったり、「遊びに行っても、午後5時半には家に帰ってくるのよ」と約束しても遅れて帰ってきて、「〇〇くんがまだ帰らないでって言うから帰れなかったんだ」と、どう考えても「嘘だな」と思えることを平気で言ってみたり……。

そのたびに「なんで嘘をつくの！」ときつく叱るのですが、「うん、わかった」と言いながらまた嘘をつく。その繰り返しです。

嘘をつかれること自体、親としては悲しいですし、このまま約束を守らない子になったらどうしようと、心配でたまりません。

ママとしては、子どもに嘘をつかれると、いろんな思いが込み上げてきて、

「なんで嘘つくの！」

と、ついつい怒りたくなりますね。

でもそこで、

「子どもに嘘をつかれるのは悲しい」

「子どもがこれから先も嘘をつき続けたらどうしよう」

という思いがあるのなら、まずはあなたの幼い頃をちょっと思い出してみて。もしかしたら小さな嘘やごまかしたことを思い出すかもしれませんね。


子どもの頃は、ほとんどの人が他愛のない嘘をついたことがあるもの。また、親にいい子である自分を見せたくて、約束を破ったことを隠そうと嘘をつく場合もありますね。

ただ、私のコミュニティのママさんからよくお聞きするケースにもあるのですが、幼少期に「嘘」に関わるつらい経験があるママもいます。

例えば、仕事や育児・家事で忙しかった母親に、話を聞いてもらいたかったのに、

「あとで話を聞くからね」

と言われたまま、その「あとで」が永遠に来なかった経験が心の傷になっているケースなど、身近な人に嘘をつかれて悲しい思いをしたことがあるママは、**自分のことと子どものことが一緒くたになって、「嘘」に対して敏感になってしまう**のです。

そうした経験がある方は、まずは心の傷に寄り添って、自分の心を癒やすことをオススメします。

そして、自分の子どもの頃からの心の傷と向き合ったら、今度は目の前のお子さんと向き合う番です。そこで私がこのご相談の内容を読んでいて気になったのは、嘘は好ましいことではないのですが、「嘘をついた」という表面上の良い・悪いだけでジャッジして一方的にきつく叱っていることです。そうしてしまうと、ますます子どもは嘘をついて隠そうとしたり、親子の信頼関係がより薄れてしまうことがあります。なので、なぜ嘘をつく必要があったのか？　子どもの意図を聞いて、まずは理解しようという姿勢が大事なのですね。

次のぼっちケアをやりながら子どもとのコミュニケーションも更新していきましょう！

ぼっちケア

子どもの「嘘」について考えよう

ステップ1　幼少期に親に嘘をついた記憶を思い起こしてみよう

①子どものときに嘘をついたことを書き出してみよう

あなたは子どもの頃に、どのような嘘をついたでしょうか。どんなに小さなことでもいいので、具体的に、誰に・どこで・どんなふうに嘘をついてしまったかを思い出して、ノートに書き出しましょう。

なかには、

「私は嘘をついたことがない」

と言う人もいると思いますが、例えば、

「平気じゃないのに、平気なフリをした」

「寂しいのに、寂しくないフリをした」

というのも、本当に思っていることと態度が違うので、自分自身に嘘をついているということになるのですね。

そのことも含めて、当時のことを懐かしみながら書き出していきましょう。

・親には「ちゃんと塾に行った」と言ったけれど、どうしても友だちと遊びたくてサボってしまった
・「夜店のお菓子は買い食いしてはいけない」と言われていたのに、友だちとこっそり買って食べてしまった。親には「食べてないよ」と嘘をついたけど、すぐにバレた
・母が入院したとき、寂しくて悲しいのに、周りの大人に心配をかけると思って、大丈夫そうなフリをした

② その嘘をついたときの気持ちを思い出そう

ここでは、①で書いた、子どもの頃に嘘をついたときの気持ちを思い出してください。

そうです。もうお気づきですね。

子どもの嘘は「大人を騙そう」とする悪意があったわけではなく、ほとんどが「悪くないもん」と**自分を守りたい気持ちや、その場しのぎの言い訳から出てくるものです。**幼児の場合は、嘘をついている自覚がなく、本気でそう思い込んでいることもあります。

子どもが嘘をつくとショックを受け、「裏切られた」と感じるかもしれませんが、「怒られるのがイヤでごまかしたのかも」と理解しようとする姿勢が大切です。

また、「本当のことを言ったら怒られる」と子どもが感じるような関わり方になっていないかも振り返ってみましょう。

「怒らないから正直に言いなさい」と言ったのに、いざ話されると怒ってしまうことはありませんか？

正直に話しても大丈夫だと感じられると、親子の信頼関係はぐっと深まります。

ステップ2　子どもの嘘に振り回されず、本質を見よう

① 子どもを叱る理由はどこにあるの？

ここでは、ママ自身が「子どもを叱った本当の理由」を考えましょう。

あなたも、

「なんで嘘をつくの！」

と、嘘をついたことに対してだけ怒ってしまっていませんか？

嘘をつくこともそうですが、**そこで子どもに一番振り返ってもらいたいのは、ママとした約束を守らなかったことですよね。**

私のコミュニティのママさんの話を聞いていても、本当は「約束を守らなかったこと」の問題のほうを話し合わなければならないのに、「なんでそんな嘘をついたの！」と嘘をついたほうに対してひどく怒ることで、「だって、〇〇だったんだもん（嘘）」と子どもがさらに嘘を重ねてしまうことは、よくあることなのです。

②親子の境界線を整えよう

このケースの解説にも書いたように、幼少期に親や大人に嘘をつかれて心が傷ついた経験のある人は、嘘に対してとても敏感で、自分を守ろうとする傾向があります。

だから、自分の子どもの言ったことが嘘とわかると、

「嘘をついて、私をバカにして」

と心が刺激されてしまうことが多いのですね。

このことをママと子どもの間の「**境界線を越える**」といって、自分の問題と子どもの問題をごちゃ混ぜにしてしまっているのです。

そのことに気づいて、自分の心が反応するのは自分の問題、子どもが嘘をつくことは子どもの問題として、境界線を引くことが大切です。

幼少期の心の傷がないママにとっても、毎日関わっている大切なわが子との境界線は、ついつい越えてしまいがち。やはり気をつけたいですね。

※この境界線については、ケース８（１５４ページ）で詳しく扱います。

ステップ3

子どもと向き合っていこう

①まずはママ自身が冷静になろう

嘘をついた子どもと話し合うには、ママ自身が一呼吸置いて冷静になって、**爬虫類脳（闘争・逃走反応）から人間脳（理性脳）にリセットすることが大事です。**

そうすれば、

「まずは決まりや約束を守らなかったことについて話し合って、その次に嘘をついたことを話そう」

と本当に話さなくてはいけないことが何なのかわかってきます。

②約束の本当の意味を伝えよう

ママが子どもに対してする、

「外で遊ぶときは、午後5時半までには帰宅してね」

といった約束も、本当の意味が伝わっていなければ、**親からの一方的な通達**のように聞こえてしまうかもしれません。

けれども、例えば、

「暗くなると帰り道に悪い人が出てくるかもしれないから、明るいうちに帰ってくること」と、なぜ約束を守る必要があるのか理由をきちんと伝えることで、子どもも理解しやすくなります。

実は子どもが親に嘘をつくのは、親からの自立の第一歩。それに、その嘘の陰には、**「ママを心配させたくない」**という優しさもあるのですね。

ママとしては、嘘をついたときの子どもの態度でわかることもたくさんあるので、優しい目で観察していくことも大切ですね。

そして、**一つひとつの約束の理由を子ども目線で伝えて、子どもの意見も聞きながら納得できるように話し合っていければ、嘘をつく必要がなくなっていきますね！**

ワンポイントアドバイス

「なんで嘘をついたの！」と叱る前に、子どもが納得できるように約束の理由を伝えていたかを振り返ろう

Case 7

愛したいのに愛せない
――スキンシップに抵抗がある

自分の子どものことを誰よりも愛しているのに、どうしてもスキンシップがとれません。赤ちゃんのときはそうでもなかったのですが、成長するにつれて触れ合うことがどんどん苦手になっています。

子どもとじゃれあって手をつないだり、抱っこしたり、膝に乗せてあやしたり、走り寄ってくるのを待ち受けたりすることもダメで、目を合わせて微笑むことさえ、どこか抵抗感があるのです。

ほかのママたちは、子どもに優しく楽しそうに接することができているのに、それをしてもらえない寂しさや悲しみはわかっているはずなのに……。こんな自分がとても怖いし、母親としても失格です。

どうすれば、子どもと触れ合うことができるようになるでしょうか。

相談者さんのような悩みをもっていないママたちにとっては、子どもとスキンシップがとれないことが特別なことのように思われるかもしれません。けれども私のブログでは、以前からこの悩みのアクセス数が断トツの1位になっています。それくらい、この問題で人知れず苦しんでいるママたちは大勢います。

多くの子育て情報には、「親子のスキンシップは愛着形成にとても大事」と書かれているので、その通りにできないと、余計に自分を責めてしまうのですね。

でも、**「できないこと」には、ちゃんと理由があるのです。**

ここでまず伝えておきたいことは、「スキンシップをとってあげられない」「手を握ってあげられない」「目を合わせて微笑んであげられない」と悩むことの裏側には、**あなたの〝望み〟が隠れていることです。**

そこには、子どもの手を握って、目を合わせて、にっこり微笑んであげたいあなたが、ちゃんといます。できないことと、その〝想い〟は別。たとえ抵抗があってできない事実があったとしても、ママとしての愛情や想いがないわけでは決してないのです。

だから、**「自分の中には〝愛情〟がある！」**ということを認めてあげてくださいね。

そのためにも、みなさんに振り返ってもらいたいのが、幼少期の記憶。**今、大人になったママたちに起きている悩みや問題は、あなたの幼少期からある心の傷に気づかせてくれるためのサインなのです。**頭では「こうしてあげたい」と望んでいるのに、抵抗を感じたり、身体的な拒否反応があったりするのは、子どもの頃の心の傷があなたにストップをかけているからなのですね。

赤ちゃんは、悲しいと感じたらすぐに泣き、楽しいと感じたらすぐに笑います。でも私たちは成長とともに、3％の顕在意識で、本当は悲しいのに泣くのを我慢して笑ってみせたり、寂しくても平気なフリをしていい子を演じてみたりして、97％の潜在意識の中にある**本当の気持ちに嘘をつき続けた結果、自分が悲しいのか、寂しいのか、何をしたいのかがわからなくなっています。**

そんな私たちに、本当の自分を取り戻すきっかけをつくってくれるのが〝子育て〟です。子どもとのスキンシップが苦手なのであれば、**〝本当のあなたらしい方法〟を見つけて、愛情を注いでいくことはいくらでもできます。**

次のワークをやりながら、その〝大事なきっかけ〟を見つけていきましょう。

ぼっちケア

自分らしい子どもの愛し方を見つけよう

ステップ1 4つの質問で幼少期の心の傷に気づこう

問1

幼少期のあなたは、母親に心置きなく甘えることができましたか？　母親に甘えると、どうなりそうで怖かったのですか？

・子どものときは、いつもお母さんが妹や弟の世話で大変そうだったので、私から甘えることはほとんどなかった。甘えたいときもあったけれど、私まで甘えたらお母さんを困らせるし、わがままだと思って平気なフリをしていた

・今、幼少期の頃を思い出すと、手をつないだこともほとんどないほど、母親からスキンシップされた記憶がないので、私も母親に嫌われるのが怖くて、ほかの友だちのように自分から甘えてくっつくようなことはしなかった。でも、寂しかったのははっきり覚えている

問2

問1の答えを受けて、本当はあなたはどうしたかったのだと思いますか？

・本当は、弟みたいに、大好きなお母さんにいつもくっついていたかった。お姉ちゃんだからって遠慮しないで、抱っこしてもらったり、膝に乗っけてもらったりしたかった

・ずっと母親に甘えたいなんて考えたこともなかったけれど、いろいろ思い出してみると、甘えないようにしていただけで、本当は甘えたかったことに気づいた。甘えると嫌がれられそうって思っていたのかもしれない

（ポイント）

問1、問2で出た答えのように、みなさんも「これをしたら、お母さんが困る」「お母さんがイヤがる」と、泣くのを我慢したり平気なフリをして笑ってみせたりしてきたことを思い出したのではないでしょうか。解説でも少し触れましたが、そうやって罪のない嘘をつき続けてきた結果、「自分は本当はどう思っているのか」「本当は何をしたいのか」がわからなくなってしまうことはあるのです。

ここではその心の傷と向き合って、「寂しかったね」「甘えたかったね」と、優しく受けとめてあげてくださいね。

問3

問2の「本当はどうしたかったのか？」に気づいたことで、今の大人のあなたが、もしあの場面に戻ったら何ができそうですか？

・自分からお母さんに「大好き！」と愛情を伝えていって、「弟と同じように、もっと甘えたい」と言いたい。もっと自分から行動して、状況を良くするようにすることはできたかなと思う

・今の私だったら、自分の望むことを諦めて母親から距離を置くのではなく、自分からもっと母親に本当の気持ちを伝えていけると思う

問4

問3で出たことを、今、目の前の大事な人の欲求を満たすために活かすなら、何ができると思いますか？

・思うようにスキンシップができないのなら、子どもに「あなたのことが大好き！」と直接言うなど、ほかの方法で愛情を伝えていきたい

・お母さんともっと話をして、お母さん自身の気持ちをたくさん聞いてあげたい。お母さんはお母さんで、きっと子どもの私にも話したかったことがあるはず

ステップ2　愛でママも子どもも受けとめていこう

① まずは自分を受けとめよう

ステップ1の結果はいかがでしたか。子どもとのスキンシップが思うようにできないと考えていたママたちも、幼少期にできた心の傷を癒やしていくことで、今の大人である自分は何をしたらいいのかがわかってきたと思います。

ステップ1で見てきたように、**私たちは自己受容が進むと、子どもや周りの人も自然に受け入れられるようになっていきます。**

② 愛情はスキンシップ以外でも十分に伝えられる

私の前著『「こんなママでごめんね」から卒業する本』にも書いたのですが、子育ての中で、子どもを抱きしめたり、抱っこしたりすることに抵抗を感じ、どうしてもできなかったという話をよく聞きます。

私自身、子育ての中で、子どもを抱きしめたり、抱っこしたりすることに抵抗を感じ、どうしてもできなかった時期がありました。娘から「ギュッとしてよ♪」と言われたものの、どうしても自然に抱きしめることができず、悩んでいました。そこで私がとっさにやったのが、あのプロレスの腕を首に回す技、ヘッドロックまがいのスキンシップ。もちろん優しくしたのですが、娘からは、「ママ！　腕は首じゃないよ。背中だよ～」とツッコミが（笑）。楽しく笑い合える時間になって、私自身とても救われました。

もちろん、「ヘッドロックをしましょう」と勧めるわけではありませんが（笑）、たとえ今はスキンシップがむずかしいときがあったとしても、**ママが自分自身に愛情をかけられるようになってくると、お子さんにも自然と愛を伝えられますし、伝える方法はたくさんあるはずです。**ちなみに現在の私はスーパーで娘の好きなもずく酢を買うたびに、「あぁまた愛情が伝わるわ～」と思いながら渡しています！

あなたならではの、お子さんを甘えさせてあげられる表現を、諦めずにぜひ見つけてほしいですね。親子の愛は、決してスキンシップだけで伝えるものではないのですから！

ワンポイントアドバイス

愛を伝える方法はこの世の親子の数だけある。そう思って、あなたならではの愛情の表現を見つけていこう

Case 8

子どもが仲間に入れないのは、私のせい？

小学生の息子は、幼稚園児の頃から友だちと一緒にいられなくて、いつもひとりきり。

同級生の子たちは、仲間同士でワイワイやりながら誘い合って遊びに行ったり、通わせていた習い事の教室でも、笑顔でイキイキと活動したりしていたのに、息子だけ、いつもポツンと孤立していました。

学校からの帰宅後は、ずっと家に閉じこもっている息子に、学校での様子を聞いてみると、昼食時もひとりでお弁当を食べているとのこと……。

そんな様子を見聞きしていると、子どもの頃、友だち関係が苦手だった私の姿と重なり、すごく苦しいです。本人から「しんどい」という言葉は聞いたことがないけれど、私の育て方が悪かったのかもしれないと、自分責めが止まりません。

このママの「どうしたらいいんだろう？」と思うつらい気持ち、よく伝わってきます。子どものことが、まるで自分のことのように感じられるのですね。

でも、大丈夫。このケースでは、その心の傷を癒やして、子どもとの関係性を変えていく方法を探っていきましょう。

そこでまず大切なのは、ママが「どのように子どもを育てたか」ではなく、**「自分が子供をどう見ているのか」に気づくことが大切です。**

育児書などでは、「お母さんは子ども目線に立って考えましょう」ということがよく書かれていますが、それをママたちは **〝自分が子どもだったときの目線〟でいつの間にか捉えてしまっている**ことがよくあります。この相談者さんも、息子さんの小さい頃からの様子を、自分が人付き合いが苦手だったということと重ね合わせて捉えてしまっているのですね。

こうしたお悩みを解決するためには、**その視点と考え方の切り替えが必要です。**

これを息子さんとの関係に当てはめてみれば、世間でよく言われているように、

「自分が人からどう声をかけられたら嬉しいかを考えて、相手に声をかける」

のではなく、

「自分がどのような声をかけたら、相手が嬉しいかを考えて、声をかける」

という、相手目線で物事を捉えていくことができてきます。

つまり、自分と子どもとの間に、きちんと境界線を引いて、

「自分のことは自分のこと、子どものことは子どものこと」

と考えることが最重要課題なのですね。


それを現実でやっていくためにも、次のワークでは、

「あなたが寂しいと感じていることはないか」

「目の前にいる子どもにしてあげたいことは、実は自分にしてあげたいことではないか」

と自問して、心のケアをしていきましょう。

そして自分が〝0状態〟に近づけたら、子どもの現状を受けとめた上で、

「あなた（子ども）は、本当はどうしたかったの？」

と聞いてあげることで、親子一緒に子どもの望む状態への道を見つけていきましょう！

ぼっちケア

子どもとの間に境界線を引いていこう

ステップ1 まずは自分の過去の〝寂しい〟を振り返ろう

問1

あなたの幼少期、人との関係はどうでしたか？　自分の子どもと同じ状況はなかったかを振り返って、ノートに書き出しましょう。

・母がとても明るい人だったので、内気な私はいつも家族から「あなたは暗いからね」「もっとお友だちをたくさん作りなさい」と言われ続けていた。親やきょうだいに向かって本当の気持ちを伝えられなかったし、いつもポツンと寂しくとり残されているような気がしていたけど平気なフリをしていた

・小学生の頃に、突然友だちだと思っていた女の子から無視されたことがあった。でも、母にそのことを言えば心配すると思って、相談できなかったし、寂しかった

問2

問1の答えを受けて、自分を責める気持ちはありましたか？　もしあれば、書き出しましょう。

・母に言われたとおり、自分は性格が暗いし友だちが少ないのもダメなんだと思って、いつもそのままの自分を否定して悲しかった。なんだか家族からそういうレッテルを貼られているような気がしてイヤだった

・友だちから無視されるのは、「私が悪いからだ」とずっと思っていて、とても恥ずかしかったし、苦しかった

・ほかのみんなとあまり仲良くできない自分がイヤでイヤでしょうがなかった

（ポイント）

ここでは、孤独を感じたり、悲しかったりといったつらい思いをしたこと以上に、自分をジャッジして「私は性格が暗くてダメだ」「友だちが少ないのはいけないことだ」と考えてしまう「自分責めの気持ち」が余計に心の傷を深めていたことに、気づいたと思います。

問3

問2の自分責めの気持ちに気づいたら、今度は子どもの頃の自分にどんな言葉をかけてあげたいですか？　思うままを書き出して、過去の自分と仲直りしましょう。

・そっかぁ、私が自分を誰よりも責めて、寂しい気持ちを誰にも伝えず、ひとりぼっちにさせていたんだね。寂しかったね。ごめんね

・「私が悪いからだ」とか「こんな自分は恥ずかしい」なんて、自分で自分をジャッジしてしまっていたことに、今やっと気づいた。つらかったよね、悲しかったよね

（ポイント）

いかがですか。自分を責めていた気持ちがかなり和らいだのではないでしょうか。あなたの幼少期を振り返って、心の傷を癒やすことは、次のステップで子どもとのより良い関係性をつくっていくための基本です。

多くのママたちは、「子どもの問題は私のせいだ！」と思って苦しくなっていますが、こうやって過去の心の傷を見ると、**実はママだけのせいではないのですね。**そして、もし自分が悪かったなと思う部分があったとしても、表面だけで決めつけないで、その言動をしてきた意図を聴いてあげましょう。そうすることで、ただ自分を責めるばかりではなく、**自分への理解と思いやりになり、さらにそれがお子さんを理解する姿勢につながっていくからです。**どうしても癒しきれない心の傷があったとしても大丈夫。あせらずこのステップ1のワークを何度もやってみることで、次のステップに進んでいけますよ。

ステップ2 まずはママ自身の「人との境界線」を明確にしていこう

① 本当はどうしたかったのか、どうしてそれができなかったのかを書き出そう

そもそも人はみんな違うので、それぞれ違った「こうしたい」「ああしたい」という目的があるものです。けれども私たちは、過去に傷ついた経験があると、怖がりになってしまい、相手の意見を聞かずに自分ひとりで「きっと迷惑なはずだ」「断られるに違いない」と想像するようになります。その結果、やりたいことを諦めてしまう場合も多々あることでしょう。現実と想像がごちゃ混ぜになってしまうのですね。

ここでは、子どもの問題に取り組む前に、あなた自身が友だちとの関係を築く際に、どのように考える傾向（心の癖）があるのかを確認しましょう。


あなたが過去の人との関係の中でうまくいかなかったことを思い出して、

「本当はどうしたかったのか？」

「どうしてそれができなかったのか？」

を、思いつく限り書き出していきましょう。

・本当は休日に夫に子どもの面倒をみてもらって、ひとりの時間がほしかったけど、迷惑だろうと思ってやめた
・友だちと一緒にお昼を食べに行きたいけど、忙しいのではないかと考えてやめた
・子どもにあまりしつこくして嫌われたり、「うざい」と思われたりしないように、聞きたいことを我慢したことがある

② 自分の「心地よい」相手との距離感を書き出そう

①で答えを出したことで、これまでみなさんは、現実ではなく自分の想像だけで「相手はきっとこう思うだろう」と決めてかかっていたことに気づいたのではないでしょうか。

ここでは、自分の想像で相手との境界線を越えていかないように、まずはあなた自身の相手との「心地よい」距離感を考えて、書き出しましょう。

・夫とは、なんでもわかり合えているわけではないけど、お互いに気にかけているところが心地よい
・友だちとは普段は全然違う生活をしているけど、必要なとき、お互いに気軽に連絡をとり合えるくらいの関係

・子どもとは対等な関係でいたい

③互いの境界線を意識しよう

自分が心地よいという距離感がわかったら、**今度はそれが相手にとっての心地よい距離感なのか、想像してみましょう**。もし相手に聞けそうなら、確認してみるのが理想的です。**ここで大事なのは、2人の距離感の違いを見極めることです。**

もし境界線にズレがあって、どちらかの「心地よい」と合わなかったら、具体的にどこが違うのか、どうしてほしいのか、すり合わせていきましょう。

ステップ3 子どもと話をしながら、子どもとの境界線にも意識を向けてみよう

①「寂しかったね」と優しく声をかけていこう

ここではまず、**子どもの気持ちを受けとめて、「寂しいと思っているんだね」と、共感することが大切です。**

②「本当はどうしたかったのかな？」と聞いてみよう

その返答としては、例えば「別に仲間には入りたくなかった」「入りたかったけど、自分から声をかけられなかった」「別に、ひとりでいたいから」「イヤだったから入らなかった」というものもあるでしょう。それを全部聞いてあげましょう。

③その答えを受けて、理由を具体的に聞こう

そこで、例えば「自分が入ると、邪魔に思われるんじゃないかと思って」「きっと自分はみんなに嫌われていると思うから、入っていけなかった」という答えが返ってきたら、それは、**「事実かどうかわからない、想像上の言葉」**です。

そんなときは、「なんで邪魔だと思うの？」「どうして嫌われていると思うの？」など、「事実」と「想像」がはっきりわかるような質問をお子さんに投げかけてみましょう。

④「邪魔じゃないし、嫌われていないとしたら、どうしたい？」と聞いてみよう

この質問をすることで、「じゃあ、やっぱり仲間に入りたいから声をかけてみる！」と、問題を解決しようと前に進んでいく子どももいます。

⑤「自分の何がイヤだったのかを、友だちに確認してみたら？」と提案してみよう

子どものここまでの反応を見て、もし友だちと仲良くしたいと思っているようなら、例えば、「その友だちに、まずは自分の何がイヤだったのか、事実確認をしてみて、自分は仲良くしたいと思っていることを伝えてみるのはどうかな？」「難しそうなら一緒に言う？」「それとも先生に相談してみる？」などとスモールステップを一緒に考えて、**子どもが自分から能動的に動いていけるようなサポート**をしてあげるといいですね。

たとえ問題がすぐに解決できないとしても、親子で境界線をきちんと引いた向き合い方や会話を続けていくことで、２人の信頼が深まり、子どもが家の外で能動的に動いていけるようになったケースはたくさんあります。みなさんもぜひ、正解を出してあげるのではなく、一緒に探していくその時間で信頼関係を育むことを意識してみてくださいね。

ワンポイントアドバイス

子どもとの間に境界線を引いて相手を尊重しながら会話のできる関係性を築いていこう

第5章

ぼっちママとママ友

Case 9

ママ友から距離を置かれている気がする

子どもが仲良くしている友だちの親と、うまく付き合えません。子どもの友だち付き合いにも影響があるかもしれないと思うと、ものすごく申し訳ない気持ちでいっぱいです。

先日も、仲良くしていたはずのママ友グループの友だちから、「うちの子の習い事に、○○ちゃんと△△ちゃんも誘ったんだ」という話を聞いて、大ショック。私の子どももその中に入っていていいはずなのに、私ひとりが声をかけられていなかったんです。

「うちの子も体験してみていい？」と言えればいいのにと、何度も思いました。でも、何か理由があって誘われなかったのかなとか、そんなこと言ってなんと思われるかなとか……。子どもにも影響があると思って頑張って付き合ってきたのに、いつの間にかママ友から距離を置かれていたのだと思うとすごくつらいです。

子どもを育てるママにとって、ママ友は避けて通れない存在。特に住んでいる地域と関わりが深いとトラブルが起きたときに、本当に大変ですよね。

子どもの関係でできたママ友は、ママが自分から能動的につくったものではない場合、何か問題が起こると、どうしても受動的に受け取りがち。「仲間外れにされた」「なんとなく距離を置かれている気がする」「無視された」と、感情的に反応してしまうのですね。

普段の付き合いでも、「なかなか自分から誘えない」「私からは、とても声をかけられない」と、人から声をかけてもらうのをジーッと待っている——あなたも、そんな寂しい状況に置かれた経験があるのではないでしょうか。

もしくは「自分が相手にどう思われているか」ということを恐れすぎて、

「面白くしゃべらなきゃ」

「話の間を空けちゃいけない」

「あの人に、いい印象を与えなくっちゃ」

と、たくさんの「べき」と「ねば」のルールで自分を縛って、無理に自分を演じて、余計にうまくいかないケースもあります。

「なんとなく子ども同士が仲良いから親とも仲良くしなきゃ」と無理に相手の好きそうな話題を振ったり、頑張って明るく話しかけてみたりして、結局盛り上がらずに、「私って雑談ヘタ……」と落ち込んでしまうことありますよね。これは〝ぼっちママあるある〟なんです。

ここからは、それらを少しでもラクにするために、人と関係を築くときにちょっと意識しておきたいポイントを2つお伝えします。1つ目は、ケース8（154ページ）でも紹介した人との境界線を意識しながら、ママ自身と子どもとの間はもちろん、ママ友との間にもきちんと境界線を引いて、

「自分自身としては、本当はどうしたいのか？」という目的をもつことです。

そして2つ目は**自己開示をしながら、相手の話を聞くことです。**受動的な関係性から、能動的な関係性を築くには、上手な自己開示が大切です。ポイントは相手が先に自己開示するまで待つのではなく、安心できる関係を築いてから自己開示するのでもなく、先に自分から自己開示をして居心地のよい関係性を築くこと。そのための方法をご紹介します。

ぼっちケア

これまでとは違うママ友との関係を築こう

ステップ1 ママ友とどういう関係でいたいのか目的をもつ

問1

本当はママ友に何を望んでいますか？

・気軽に子育ての相談をし合ったり、いい情報があれば情報交換をしたい
・子ども同士の仲がいいので、せっかくだから仲良しとまではいかなくても、会えば楽しく話せるくらいの関係でいたい
・たまには一緒にランチに行ける関係でいたい

（ポイント）

本当はママ友に何を望んでいるのか、冷静になって考えてみると、実はそんなに高望みをしているわけではない、ということが見えてくるかもしれませんね。

子ども同士の仲がいいとママ友とも会う頻度が上がり、一緒にいるのが当たり前になり、そうなると、なんとなくいつも会っていないといけないような、ママ友の全部を知っていないといけないような、そんな気持ちになってくるママは多いものです。

ここでもう一度、相手に何を望んでいるのか、見直しましょう。

誘われなかった「習い事」「イベント」「ランチ」など、それはあなたやお子さんが本当にしたかったことでしょうか？　「誘われなかった！　ショック!!」と、それだけで頭がいっぱいになっていませんか？

「誘われない＝自分には魅力や価値がない」と自分の価値などと結びつけて傷つくぼっちママは多いですが、「いざ誘われてみたらそれだけで安心して、ランチの日が近づいてきたら気が重くなってしまった」というママも。つまり、**実はランチに行きたいわけではなく、自分の価値をママ友に委ねてしまっていたことが本当の問題**なのですね。

いくら子ども同士の仲がいいといっても、お子さん自身が一緒に習い事をしたいのか、あなた自身もイベントやランチに頻繁に行きたいのかというと、意外とそんなことはなかった、ということもあるでしょう。そのため、**あなたが本当にしたいこと、仲良くしたい人はどういう人か、関係性、会う頻度、行きたい場所を考えておくことはとても大切です。**

ステップ2　ママ友にも〝自己開示〟していこう

①あなたが安心感をもって「人に受け入れてもらえる」と思うのはどんなときですか？

ここでは最初に、「気心の知れた友人と話しているあなた」と「ママ友と話しているあなた」について、思い浮かべてみましょう。

いかがですか。気心の知れた仲のいい友人と話しているときは、全面的に自分を受け入れてくれている安心感があって、あなたらしく、とてもリラックスした状態＝本音を話せる状態ですね。

それに比べて、ママ友と話しているときは、どうでしょうか。

その人の前に出ると、本音を話すどころかその正反対で、いつもの自分を出してはいけないと、言葉を選んだり、緊張したり、体面をつくろったり、果ては笑顔までが張り付いたようになっていたり……。つまり、ママ友の前では、あなたは本当の自分を隠してつくろっているんですよね。

つくろうことで、どんな自分を隠しているのでしょう？

「育児も家事もちゃんとできているわけではないから、そんなことバレたら恥ずかしい」

「ネガティブな自分を見せると『暗い人』『愚痴っぽい人』って思われるかも」

「いつも誘われて忙しそうなあの人に比べて、ひとりでいると寂しい人と思われてしまうのでは」

など、まだ相手のことを知らないので「こんなことを話したら嫌われるかも」とバリアをたくさん張っていることに気づけたのではないでしょうか。

② ママ友に自己開示していこう

自己開示といっても、わざと自分のイヤな部分を見せる必要はありません。まずは、自分の知りたいこと、聞いてみたいことについて質問してみましょう。その際に、少しだけ「ちなみに私は○○なんだ」と自分の情報を差し出してみることで、相手からも「へぇ。この人は○○なんだ」と知ってもらえる機会になりますね。

「こんなこと言っていいのかな」

と頭の中の想像だけが膨らんで、怖がったままになっていると、頭でイメージしているママ友への対応でいっぱいになって、目の前の現実のママ友がどんな人なのか、見えなくなってしまいます。

あせらなくて大丈夫。ゆっくりと少しずつでいいので心を開く練習をしてみましょう。

ワンポイントアドバイス

「距離を置かれていてどうしよう」と思ったら、「実は自分のほうが距離を置きたいと思っているのかも？」と自問して、あなた自身も「この人とはどんな距離感がちょうどいいんだろう？」と自分の軸で考えてみてくださいね

Case 10

自分に合うママ友って、どうやって見つけるの？

私には子どもが幼稚園に入園したときからのママ友が2人いて、みんな子どもが同じクラスで、園の送迎バスのバス停も一緒。園の行事などは、いつも3人で行動していました。

ところがその2人が、私の知らない間に家族ぐるみで遊びに行ったりと急接近。なんで私だけが声をかけられなかったんだろうと、すごく寂しかったです。

でも、2人は趣味や嗜好、感性がとてもよく似ていて、「私とはちょっと違うな」と、以前から薄々思っていたんですよね。そのことに気づいてからは、ざわついていた気持ちは少し落ち着くようになり、今では2人の関係が「うらやましい」と思うようになっています。

あの2人のように、近所に住んでいて、いつでも会えるママ友が、すごくほしいです。

ママ友関係は、子どもが介在してできる人との関わりなので、「難しい……」と感じているママはたくさんいますね。

この相談者さんも、自分とは趣味・嗜好が違う2人のママたちと一緒にいたことで、子どもの母親である立場を理解し合えるような、本当に自分と合う友だちを作るには、どうしたらいいのかと、寂しい気持ちを抱えながら悩んでいるのですね。

ただ、うまくいっているように見える人たちに対して漠然と、
「うらやましいな。私もああなりたいな」
と思うことは自然な気持ちですよね。でも、少しずつでも自分ができることを見つけて動いてみると、今の状況を変えていくことができますよ。

つい目を背けたくなる「うらやましい」という感情ですが、自分と合うママ友を作るには、その**「うらやましい」が自分にとっては具体的にどういうものなのかに気づくこと**で、初めて自分が求めている関係がわかるようになります。

そこでこのケースでは、まずはみなさんが、「うまくいっている」と思う人の付き合い

方の**「うらやましいポイント」**を見ていきます。

この「うらやましいポイント」とは、自分の「好きなポイント」のこと。

ママたちの中には、

「自分の好きがわからない」

という人が大勢いますが、実はこの**「好き」は、自分の「イヤなこと」「嫌いなこと」の裏に隠れていたりするので、同時に探していくと、それほど意識せずに、具体的に見つけやすくなります。**

また、その「好き」と「イヤ」「嫌い」を詳細に見ていくことで、

「今、自分は理想と現実の間で、どのようなママ友との関係に置かれているのか」

「本当は、自分はどんな関係を求めているのか」

が明確になって、次の行動を起こしやすくなるのでオススメですよ。

ぼっちケア

「好き」を知って、自分らしいママ友関係をつくろう

ステップ1 「うらやましいポイント」と「うらやましくないポイント」を探そう

問1

現実に、あなたの周りにいるママ友の関係を思い出してください。彼女たちの付き合い方のどんなところが「うらやましい」ですか？

・ランチで話してても自然体ですごく楽しそう
・趣味が合っていて、会うときはいつもその話で盛り上がっている
・子どもに関することだけでなく、どんな悩み事でも相談し合っている

問2

問1の答えとは逆に、彼女たちの関係で、「うらやましくない＝イヤな」ところはどこですか？　思いつく限り書き出しましょう。

・子どもたちのお泊まり会をしたり、家族ぐるみで旅行に出かけたりしているくら

い仲が良いのはうらやましいけど、正直大変そう。私は仕事もあるし、休みの日は家族でのんびりしたい

- 中心になっている人がいるので、なんでもその人に合わせなければならない感じになるのはすごくイヤ
- 週に何回も集まることはしなくていいし、電話やLINEも月に2、3回くらいがちょうどいい

ポイント

いかがですか。問1と問2で出た答えから、あなたの「好き」と「嫌い」が具体的に見えてきたのではないでしょうか。

それをそのままにしないで、**ここでは、今のあなたのママ友関係で、「何が好き」で「何がイヤ（嫌い）」なのかを、できるだけ次の「5W2H」→「When＝いつ」「Where＝どこで」「Who＝誰が」「What＝何を」「Why＝なぜ」「How＝どのように」「How many＝どのくらいの頻度（回数）、人数で」に当てはめて考えて、ノートに書き出しましょう。**

これはコーチングの分解法のひとつでもあるのですが、書き出すことで、あなたがママ友関係で悩んでいる状況も、

「ああ、こうしたかったんだ」

「この関係がイヤだったのね」

と、面白いほど詳しく見えてきますよ！

問3　自分の「好きな関係」が見えてきたら、次はどのように行動していきたいですか？ノートに書き出した5W2Hの「好き」と「嫌い」を見ながら、具体的に考えて行動に移していきましょう。

・来月の子どもの学校の運動会で、お隣のクラスの○○ちゃんのママに、どんなお弁当をつくっていくかを聞いてみよう。彼女は以前話す機会があったときも、とても楽しく対応してくれたので、「これからは学校以外の場所でも、お互いに時間を調整しながら、たまにお話ができれば嬉しい」と、声をかけてみよう

（ポイント）

基本は、笑顔で相手の話を聴いていくスタンスで。一度か二度やってみてうまくいかなくても大丈夫！　始めたばかりのあなたは伸びしろがいっぱいです！　ゆっくりと練習していきましょう。

ステップ2 「自分らしい人間関係のパターン」を思い出そう

① 過去の交友関係を振り返ろう

ステップ1の「ポイント」で行った5W2Hとは別に、ここではあなたの過去、学生時代や社会人時代など、これまでに友だちをつくってきたときの記憶をたどってみましょう。

「あの子とは、どんなふうに仲良くなったんだっけ？」

「初めて出会ったときから、仲良くなるまで、結構時間がかかったなあ」

「そうだ！　あのときは、私から話しかけていったんだ」

と、過去に思いをめぐらせると、自分はどのくらいのペースの時間をかけて、どのように話しかけたかなど、細かいことを思い出せるはずです。

② 「自分のパターン」を覚えておこう

過去に友だちをつくったときのことを思い出したら、今度はそれを「自分のパターン」として覚えておきましょう。

ちなみに私自身も、周りのママ友と同じように、毎週ランチ会に参加しなくては！　親子ぐるみで仲良くならなくては！　早く友だちを作ってお互いの家を行き来できる関係にならなくては！　とママ友関係の正解を求めて自分を頑張らせていたことがありました。

けれども、自分と向き合ってみると、「**LINE交換は出会ってすぐではなく、じっくりと相手のことがわかってから距離を縮めたいな**」とか、「**毎日のLINEのやり取りや頻繁なランチ会での関わりではなく、自分の時間も大切にしたい**」という思いに気づいて、あせりがおさまったことがありました。ママになる前の友人との付き合い方を思い出したのです。やっぱり自分を知ることは大事だと思いました。

そうやって向き合ってみると、「私は、やっぱりママ友はいらないわ」という選択肢も、まったく問題はないですよね。

自分に合ったパターンを思い出しながら、焦らず、ゆっくりと、〝今の自分に合った〟友人作りをしていきましょう！

ワンポイントアドバイス

自分の「好き」がわからない場合は、「嫌い」から見ていくと、自分の現状や「本当にやりたいパターン」が見えてくる！

Case 11

子どものいない友人と疎遠になった

子どもが産まれてから、ずっと会えていない友だちがいます。彼女には子どもがいないので、久々に会って映画や本など、好きなことについて思いっ切りおしゃべりしたいんです。でも、私の子どもはまだ食事の介助が必要なので、誰かに預けるとなると日程を合わせるのが難しく、結局会えずにいます。

それに、世間ではよく「子どもが可愛い時期は今だけだから、できるだけママは一緒にいたほうがいい」といいますよね。私自身も、子どものことがすごく可愛いので、子どもを置いて友だちに会いに行くのは気がひけるという気持ちも正直あります。

ただ、それでも大事な友だちと会えないのは寂しいので、誰かに子どもを預けて外出するほうがいいのか、子どもが大きくなったらまた友だちとも会えると思えばいいのか、ずっと心がモヤモヤしたままです。

人生の節目で関係性が変わることは確かにありますよね。けれども、それは決して寂しいことではなく、**「今の自分にとって大切なものを大事にする時期」**があるだけなのかもしれません。私自身も、子どもという大切な存在ができたときは、人生観が変わって、自分の愛情も労力も何もかもを家族につぎ込んだので、大事な友だちとの時間も作れなくなり、

「人間関係って、変わっていくものなんだな」

と、つくづく感じた経験があります。でも、その感じ方も人それぞれ。一人ひとりのママの状況によって、人間関係も柔軟に変化させていければいいですね。大切なのは、

「あなたは今、どうしたいのか？」

ということ。この相談者さんのように子どもができてから疎遠になっていたけれど、今どうしても会いたい人がいるのなら、まずは自分の気持ちを整理することから始めましょう。

今はお子さんとの時間を大切にしたいと感じていること、そして、友だちと会えなくて寂しいと感じていること、どちらも本当の気持ちですよね。人間の感情は複雑で何色も混じり合っていたりします。無理にどちらかを選ばなきゃいけないわけではなく、**「今は子育てが最優先だけど、また違うタイミングで会うこともできる」**という柔らかなスタンスでいてもいいんです。

現実の問題としては、子どもを預ける必要があるのなら、旦那さんなど周りの人にお願いしてみたり、会いたい人がＯＫなら、それこそ子どもと一緒に会う方法もありますね。

また、このご相談の中には、「可愛い時期は今だけだから、ママは一緒にいたほうがいい」という言葉がありますね。ママが本当にそう思っているのなら何も問題はありませんが、もし、世間の〝ルール〟に縛られているかもしれないという思いがあるのなら、自分が「今、本当に望んでいること」を阻むことはしたくないですよね。

だから、あなたを縛っている「これがあるからダメだ」という思いを良い意味で疑ってみて、あなた自身が、子どもを含めた周りとの人間関係の中で（私は最善主義と呼んでいるのですが）**決してベストではないかもしれないけれど、ベターを探していくような気持ちを抱くようにする**といいですね。そうすれば、あなたの中で、

「これもいいけど、あれもいいな」

と、いろいろな可能性が広がり、人間関係でも、お互いにとって心地よい距離感が見つけられるはずです。結果的にその中で、「失敗した～」と思うようなことがあっても、

「失敗ではなく、より良い方向を見つけるための、最善の経験ができた」

と捉えられるようになれば、**「次はどうしていこうか？」**と、前を向いて歩いていけます。

ぼっちケア

最善主義でいろんな可能性を見つけていこう

ステップ1 定期的に自分の正直な気持ちを書き出していこう

問1

あなたは、子どものいる生活の中で、昔からの大切な友だちとの関係をどうしたいと思っていますか？

・学生時代からの友人に会えなくなったのは、すごく寂しい。私が私じゃなくなっている感じがする。今は子どもが中心なので実行できていないけど、月に1回は会って、リラックスしながら互いの近況など、いろいろと話したい

・毎日、子育てと家事とで疲れていて、本当は親友と会って子どものことじゃない話をしたいけど、今はまだＬＩＮＥや電話での付き合いに留めておこうと思う

・子どもの情報を得る必要があるので、今は遠くにいる友人より、近くにいるママ友との交流を深めていきたい

問2

あなたの現在の状況を考えて、優先順位をつけてみましょう。あなたが今一番やりたいことはなんですか？　正直に書き出しましょう。

・いろいろと考えてみたけれど、今は第一に友だちと会って話をしたい。彼女との交流関係をここで途切らせたくない

・今は子どものことで手一杯だから、少し落ち着いてから友だちに連絡してみよう

・やっぱり子どものことが優先順位では一番だと思う。でも、親友とも会いたい

（ポイント）

いかがですか。嘘偽りのないあなたの気持ちを確認できたでしょうか。

みなさんも毎日の家事や仕事では、優先順位を決めて掃除や洗濯などをしていますよね。ただ、子育てや家事、仕事などで忙しい中となると、「自分のこと」はなかなか決められないもの。

でもだからこそ、**周りや世間の言うことに左右されない、あなた自身の思いを書き出して、自分の目で確かめていくことは大切です**。

そこでもし、このケースの相談者さんのように、あなたが子どもを大切にすることでこれまで置き去りにしてきた、

「寂しい。私もぼっちママになっているなぁ」

という気持ちを確認できたのなら、やはりそれをなくすための行動が必要ですね。次のステップでは、そのためにどうやって自分の気持ちを調整していけばいいのかを見ていきましょう。

ステップ2　自分の本当の気持ちのために行動をする

①普段からあなたの気持ちを周りの人とシェアしておこう

子どもが小さいときは、食事の介助などが必要だったりするので、やはり旦那さんなどに子どもを預けるパターンは多いですよね。きょうだいの行事の都合や家事のために預ける経験をしたことのあるママもいるとは思いますが、ママの個人的なお出かけや遊びになると、旦那さんなどにあまり伝えられない、言いにくい、と感じているママは多いもの。

だから普段から、例えば、

「私は今、親友の○○ちゃんと、どうしても会いたいと思っているの」

と、その友人との関係や、なぜそれだけ会いたいと思っているのかをコミュニケーションをとって伝えていければ、きっとお互いに協力しやすい関係を築けるのではないでしょうか。これは、あなたが本当にやりたいことを周りの大切な人を尊重しながら叶えていくために、とても大事なことです。

② いろいろなパターンを考えて実行していこう

子どもを人に預ける必要があるとなると、誰に頼めるかが心配だし、友人とのスケジュールを考えると、いろんなことを調整しなければならないし……。

「ああ〜〜っ！　もう、やめようか？」

と諦めがちですね。

でも、ちょっと待って！　**余裕をもって計画すれば大丈夫。**

そういうときに限って、子どもが急に熱を出したり、グズグズ言い出したり……、ということもままあるとは思いますが、そこは事前に友人に、

「ごめん、こういうこともあるかもしれないけど」

と話しておくと、こちらの都合もわかってもらいやすいです。

また、前にもちょっと書きましたが、**人に子どもを預けるのが心配なら、子どもを一緒に連れて行くのもあり！**　あなたのことをわかってくれる友人なら、事前に言っておけば、きっと喜んで受け入れてくれるでしょう。喫茶店やレストランなどで会うだけでなく、一緒に動物園や水族館に行く計画を立てるのも思い出に残る時間になりますね。

「こうでなければ！」と完璧主義を求めず、**「この方法もあるし、あの方法もあるな」**と、**より良い対策を見つけていく最善主義**で考えれば、たとえダメになることはあったとしても、自由自在に対応していけますね。

実行したあとは振り返りをして、「自分のパターン」をノートに記しておきましょう。

ワンポイントアドバイス

「これじゃなければいけない」をちょっと緩めて、自分に合ったベターな方法をいくつも見つけていこう

Column

2

仕事も頑張っているママたちへ

みなさんの中には、仕事をもっていることで、ますますぼっちママになっている人も、大勢いるのではないでしょうか。

産休前は、仕事を頑張って結果をそれなりに出してきたのに、産休が明けたとたん、子どもが熱を出したらすぐに家に帰らなければならないし、保育園に迎えに行く時間に間に合わせるためには、時短勤務になってしまうし……と、ママ自身がどこか、

「仕事場のお荷物になっている」

「みなさんに迷惑をかけている」

という〝ぼっちママ・スタンス〟になっているのですね。

でもね、ちょっと視点を変えてみてください。

今の職場があなたを迎え入れ、子どもができても、時短勤務になっても、働き続けることを認めているなら、あなたがそこにいることにそれだけ価値があるということですよね。


だから、子どもがいることのマイナス面だけで捉えるのではなく、

「だったら、今の私だからこそ、どんな形で職場に貢献できるか？」

を考えてみるのも大切です。

それこそ、

「時短勤務だからこそ、この業務を効率的に進められます！」

と提案ができれば、職場からも喜ばれるかもしれませんよね。

また、職場での人間関係も、少し意識するだけで変わることがあります。

なかにはプライベートなことをあまり話したくない人もいるかもしれませんが、

同僚とちょっとした会話を交わすだけで、お互いの理解が深まり、自然とサポートし合える関係が生まれることもあります。

「お互いに支え合える環境を作ること」が、仕事をスムーズに進める鍵になることもありますよね。

子育てと仕事の両立は大変ですが、それと同時に、〝誰かに頼る力〟を養う貴重な経験でもあります。頑張り屋さんほど、本当はほかの誰かに頼ったり、お願いしたり、お世話になったりしたほうがいい場面でも、なかなかうまくいかず、大変なことになってしまう場合もよくあります。

だから、小さい子どもを育てながら働いている今は、「助けを求める練習ができるチャンス！」と捉えてみてもいいかもしれませんね。

これまではずっと、自分ひとりで頑張ることで避けてきたけれど、今は子育てと仕事を両立していることで、

「これもお願いできるんだよ」

「人に頼ってもいいんだよ」

ということを、逆に教えてもらえているのです。これは仕事だけではなく、子育てや家事の場面でもそうですね。

そういう意味でも、子育てを、

「私自身を育て直す機会」

と捉えてみませんか？


仕事の現場でも「迷惑をかけて、スミマセン」と言いたくなるけれど、そんなときこそ、

「いつもありがとうございます♪」

の気持ちを大切にしていきましょう。


あなたと、あなたの目の前の大事な人が、今よりもっと最高の笑顔で過ごせる未来が訪れますように。

おわりに
「ぼっち」を恥ずかしいことだと思っていませんか？

ここまで読んでくださって、ありがとうございます。

「はじめに」で私は「孤独感は心のサイン」とお伝えしました。

あなたらしくない生き方をしていたり、本心をわからなくしていたり、本来のあなたの状態からズレていたりしていると、孤独感があなたに「大丈夫？」とサインを送ってくれるのです。

最後まで読んでいただいたあなたにはわかると思います。

実は、避けたい、解放されたいと思っていた〝孤独感〟こそが、いつでもあなたの最大の味方となって、本来のあなたを取り戻すチャンスを与えてくれているんです。

そんなお話をこの本ではじっくりとお伝えさせていただきました。

この本を通して、あなたがあなたの中に隠された、置いてけぼりになった心、〝孤独感〟

に気づき、少しでも本来の自分を取り戻すきっかけにしてもらえたら、とても嬉しいです。

孤独を感じる心、寂しいと感じる心、傷つくのが怖いと隠れてきた自分を、恥じたり、嫌ったり、ダメ出ししたり、逃げてきた私ですが……。

今振り返れば、なんて自分自身に可哀想なことをし続けてきたんだろうと、みなさんにお伝えしている心理学を学び痛感したことです。

周りの人が孤独にさせているわけじゃない。

やっぱり自分が自分を孤独にしていたんだ、と。

自分ひとりなら、いくらでもそうした状況からは逃げられたけれど、いざ子育てが始まったら、親子関係も夫婦関係もママ友関係も逃げられないことばかり！

でも、だからこそ、子育て期は自分から逃げずに、本来の自分を取り戻すチャンスに変えられるのですね。

私は自分が小学校に上がる頃にはもう、漠然とした〝孤独感〟を抱えていて、それがようやくママとなったときに、初めて自分と向き合ってあげられる、一番の味方となれるときが来たのです。

孤独になるのが怖すぎて、本当に今思い出しても穴があったら入りたいくらい、関わってきた多くの人たちに、恥ずかしいことや、失礼なことをたくさんしてきたと思います。傷つけられる前に攻撃して身を守ろうとしたり、突如逃げて人間関係を切ったり……。そんなことは決してないと、本当はわかっているのに……。

でも、そうした自分にとっての暗黒歴史は、この本でお伝えしたように、自分とセルフカウンセリングを積み重ねていくことで、本来の自分がどんな自分だったかを思い出させてくれ、自分を発揮することができるようになり、最高の笑顔で過ごせる未来につながる希望の光に変えられるのだと確信しています。

だからこそ、私はお伝えしたいのです。

「ぼっちは恥ずかしいことなんかじゃないよ！」と。

自分を置いてけぼりにしている内なる自分からのＳＯＳを拾ってあげて、それに応えてあげよう。

そうやってのびのびと本来の自分で生きられる人を増やせたら、世の中はもっと楽しく、もっと優しい世界になると思うのです。

ぼっちでもぼっちじゃなくても、陰キャでも陽キャでも、どんな自分でも、みんなが自分らしく最高のビッグスマイルで過ごせる未来を叶えるために、私はこれからもビッグスマイル心理学をお伝えしていきます。

私が発信しているYouTubeチャンネルやブログ「最高の笑顔を引き出す為の処方箋」もぜひ検索してご覧になってみてください。

最後に、お伝えしたいことがあります。
あなたさえあなたの心を無視しなければ、誰もあなたを孤独にはさせられません。
ぜひ、自分の一番の味方となれるように、もしまた孤独や不安を感じたら、何度もこの本を読み返してくださいね。

あなたの人生に寄り添い、いつでもそばにある一冊でありますように。

なお、この場をお借りして、この本の制作にあたり、育休から戻ってこられたばかりのリアルなママのひとりとしても支えてくださった編集者の吉田ななこさん、毎日共に心と向き合い「ぼっち癖」を最高の個性だと笑い合ってくれているオンラインコミュニティmamaコミュ村の仲間たち、「ママ、こんな言葉はどう?」と執筆に煮詰まっているときに一緒に考え協力し、応援してくれた家族に心からの感謝を伝えたいと思います。

福田とも花

福田とも花（ふくた・ともか）

公認心理師・Bigsmileカウンセラーコーチ
株式会社ビッグスマイルマザージャパン代表取締役、Big Smile mamaコミュ主宰、元精神科・小児科看護師。

前職の精神科小児科の看護師時代からカウンセラーコーチとなった現在まで、多くのママ達から悩みを聴き、ママの心がラクになる情報を発信している。自身も出産を経て、子どもの自我が芽生えてから、イライラして子どもに当たっては毎晩「こんなママでごめんね」と寝顔に謝る、罪悪感だらけの苦しい子育てを送っていた。そんな中、日常の子育てにカウンセリングを取り入れると、自分も子どももみるみる変わっていき、今では子どもが愛おしくてたまらない幸せな毎日を過ごせるように。

2020年より【繋がる・話せる・笑ける・ママの為のオンラインコミュニティ! mamaコミュ!】主宰。延べ700名を超えるママが参加中。「言う事を聞かない子どもが一瞬で笑顔になる! 5日間無料メール講座」は7000人を超えるママに好評。他にYouTubeやInstagram、ブログでも精力的に活動している。

主な著書に『「こんなママでごめんね」から卒業する本』（WAVE出版）がある。

子育ての孤独にさよなら
ぼっちママ相談室

2025年3月21日　第1版　第1刷発行

著　者　　福田とも花

発行所　　株式会社 WAVE出版
〒136-0082　東京都江東区新木場1丁目18-11
E-mail: info@wave-publishers.co.jp
https://www.wave-publishers.co.jp

印刷・製本　　萩原印刷

NDC159　199p　19cm　ISBN978-4-86621-517-4

この本をお読みくださったあなたに感謝を込めて

子育ての孤独にさよなら
ぼっちママ相談室　全25大プレゼント
のご案内

本を読んだだけでは終わらせない！
もっとラクに、もっと安心して毎日を過ごすための特典動画を
福田とも花よりプレゼントさせていただきます。

1 ワークシート

本書のケーススタディーとリンクした書き込めるワークシート付き！
（ぼっちケアワーク等シートに沿って書き出すことでさらに思考を整理できます）

2 ぼっちママ相談室フォロー動画講座11本

①孤独を感じるのはなぜ？心のサインを読み解こう！
②ぼっち＝ダメじゃない！ぼっちを楽しめる人が最強な理由
③本当の自分ってナニ？自己理解が深まるワーク＆実践法
④自分ともっと仲良くなる！セルフコミュニケーションの秘訣
⑤シーン別お悩み解決ガイド：育児の孤独感を減らす方法
⑥シーン別お悩み解決ガイド：夫婦のすれ違いが減る伝え方
⑦シーン別お悩み解決ガイド：何を伝える？子どもとの関係を心地よくするコツ
⑧シーン別お悩み解決ガイド：ママ友付き合いがラクに！心地よい距離感のコツ
⑨一歩踏み出すヒント：「私の本当の気持ちは？」自分の本音を知るためのワーク
⑩一歩踏み出すヒント：「ひとりで抱えない！」心地よい関係のつくり方
⑪ひとりじゃないよ！困難を乗り越える力と心のつながり力

3 ぼっちママ相談室フォロー動画講座のレジュメスライドPDF

4 ぼっちママ相談室フォロー動画講座11本の音声データ

5 Q&A集

・オンラインコミュニティmamaコミュ所属のリアルぼっちママたちからのQ&A集

プレゼント申込は
こちらから